utb 8722

Eine Arbeitsgemeinschaft der Verlage

Böhlau Verlag · Wien · Köln · Weimar
Verlag Barbara Budrich · Opladen · Toronto
facultas · Wien
Wilhelm Fink · Paderborn
A. Francke Verlag · Tübingen
Haupt Verlag · Bern
Verlag Julius Klinkhardt · Bad Heilbrunn
Mohr Siebeck · Tübingen
Ernst Reinhardt Verlag · München · Basel
Ferdinand Schöningh · Paderborn
Eugen Ulmer Verlag · Stuttgart
UVK Verlagsgesellschaft · Konstanz, mit UVK / Lucius · München
Vandenhoeck & Ruprecht · Göttingen · Bristol
Waxmann · Münster · New York

Yannick Weiler

#SchreibenKannIch

Eine wissenschaftliche Arbeit in 30 Stunden

facultas

Yannick Weiler hat bis vor Kurzem noch selbst studiert und unterrichtet jetzt Englisch und Geschichte an einem Hamburger Gymnasium.

Bibliografische Information der Deutschen Nationalbibliothek

Die Deutsche Nationalbibliothek verzeichnet diese Publikation in der Deutschen Nationalbibliografie; detaillierte bibliografische Daten sind im Internet unter http://d-nb.de abrufbar.

Umschlagabbildung: d-licious, Wien
Umschlaggestaltung: Atelier Reichert, Stuttgart
Innengestaltung und Satz: grafzyx.com
Druck und Bindung: Friedrich Pustet GmbH & Co. KG, Regensburg
Printed in Germany

ISBN 978-3-8252-8722-1

Die elektronische Ausgabe (Online-Leserecht) und Zusatzmaterial ist erhältlich unter www.utb-shop.de.

Inhaltsverzeichnis

Kapitel 1

Wie dir dieses Buch beim Schreiben deiner wissenschaftlichen Arbeit hilft

Wissenschaftliches Schreiben ist eine Kunstform und ich habe größten Respekt vor den Menschen, die sie ausüben. Tatsächlich habe ich diese Menschen am Anfang meines Studiums so sehr bewundert, dass ich selbst einmal richtig gut im wissenschaftlichen Schreiben werden wollte.

Und das wurde ich auch. Denn 2013 hat mich eine internationale Jury mit einem *Undergraduate Award* für eine meiner Arbeiten ausgezeichnet. Als einzigen Studenten aus Deutschland, neben Studierenden aus Harvard, Princeton und Stanford.

Abbildung 1: Der Oberbürgermeister von Dublin überreicht dem Autor dieses Buches die Urkunde der Undergraduate Awards 2013

Irgendwann habe ich dann aber gemerkt, dass mein Interesse an der akademischen Welt doch nicht so stark ist, dass ich nach meinem Studium noch länger dort bleiben wollte. Das war ungefähr zu Beginn meines Masterstudiums.

Von da an wollte ich vor allem das: **die wissenschaftlichen Arbeiten möglichst schnell, möglichst stressfrei und (trotzdem) mit einem möglichst guten Ergebnis hinter mich bringen.** Wenn du das auch willst, dann ist dieser Ratgeber wie für dich gemacht!

Denn gegen Mitte meines Masterstudiums hatte ich ein 12-Schritte-System entwickelt, mit dem ich jede 15-seitige Seminararbeit in 30 Stunden schreiben konnte. Und dabei trotzdem Top-Resultate erzielte. Nicht ein Mal, sondern immer wieder.

Du denkst, das kann nicht funktionieren? Doch! Und zwar weil sich in fast allen Lebensbereichen 80% des Resultats mit 20% des Aufwands erreichen lassen. Dieses sogenannte Pareto-Prinzip funktioniert fürs wissenschaftliche Schreiben genauso wie für die Führung eines Unternehmens. Wenn du das – mit Bezug auf ein Unternehmen – nicht glaubst, lies *The 4-Hour Workweek* von Tim Ferriss. Und wenn du erfahren möchtest, wie sich eine Eins für deine wissenschaftliche Arbeit mit 20% des Aufwands erreichen lässt, lies hier weiter. Ich zeige dir mein komplettes 12-Schritte-System in diesem Buch.

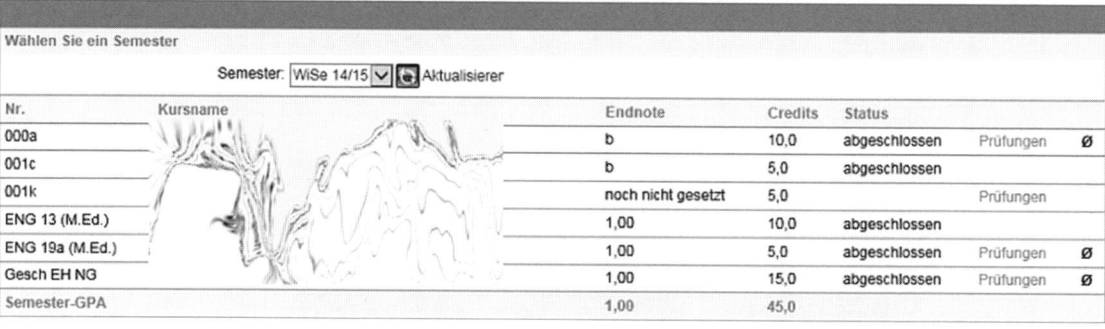

Abbildung 2: Noten einiger Seminararbeiten, die vom Autor während seines Studiums an der Universität Hamburg mit dem 12-Schritte-System geschrieben wurden, Seminartitel unkenntlich gemacht Y.W.

Die drei Hauptprobleme beim Schreiben einer wissenschaftlichen Arbeit

Wenn du eine wissenschaftliche Arbeit in 30 Stunden schreiben und dabei eine Eins erzielen möchtest, stehst du vor drei Problemen:

1. Wie schreibst du sprachlich so gut, dass es deinen Professor vor Begeisterung umhaut?

   Selbst eine wissenschaftliche Arbeit, deren Inhalte in deinem Kopf einfach umwerfend sind, kann noch in die Hose gehen: nämlich wenn du sie nicht so formulieren kannst, wie das an der Uni erwartet wird. Und zwar auf „Akademisch".

   Wie du das lernen kannst – und zwar mit einer einzigen Übung –, zeige ich dir in **Kapitel 2**. Fang am besten noch heute mit der Übung an. Sie dauert nur ein paar Minuten und wird die Note deiner nächsten wissenschaftlichen Arbeit ganz sicher verbessern. Bleibt aber noch Problem No. 2:

2. Wie schreibst du so schnell, dass die 15 Seiten deiner wissenschaftlichen Arbeit in 30 Stunden erledigt sind?

   Der beste Stil der Welt ist nichts wert, wenn du stundenlang am Schreibtisch sitzen musst, um ein Thema für die wissenschaftliche Arbeit zu finden oder eine Seite Text aufs Papier zu bringen. Und mal ehrlich: Keine noch so gute Note rechtfertigt, dass du die ganze wertvolle Zeit, die du während des Studiums zur Verfügung hast, nur in Arbeit für die Uni investierst.

   Deshalb lernst du in **Kapitel 3**, welche 12 Schritte beim Schreiben einer wissenschaftlichen Arbeit zu durchlaufen sind und wie du diese Schritte ausführst.

   Und das Beste: Kapitel 3 ist in genau diese 12 Arbeitsschritte unterteilt. Du kannst es einmal komplett lesen und dich dann an die Ausführung machen. Oder du liest und arbeitest das 12-Schritte-System Schritt für Schritt ab. In jedem Fall wirst du nicht länger grübeln müssen, wie du deine wissenschaftliche Arbeit gliedern sollst oder was du bloß auf der nächsten Seite schreiben sollst. Einfach nur lesen und umsetzen.

Damit ist dir die sehr gute wissenschaftliche Arbeit in 30 Stunden „theoretisch" gesichert. Theoretisch kannst du dann sofort loslegen. Praktisch liegen aber doch immer wieder Stolpersteine vor dir. Diese sind Problem No. 3:

3. „Ich kann mich nicht motivieren. Ich kann mich nicht konzentrieren. Ich fühle mich von der Masse an Arbeit überwältigt oder blockiert."

   In **Kapitel 4** geht es deshalb um den „Treibstoff" für deine wissenschaftlichen Arbeiten. Es geht um die Ressourcen, die dich befähigen, dich an fünf, zehn oder 15 Tagen immer wieder an den Schreibtisch zu setzen und die Arbeitsschritte allesamt durchzuführen.

   Ob du das schnell oder langsam tust, hängt nämlich ganz wesentlich von deiner Motivation und deiner Konzentration ab – und von der Frage, ob du Schreibblockaden lösen kannst.

   Und falls du während der wissenschaftlichen Arbeit an einen Punkt kommst, an dem so ein Problem auf dich zutrifft, findest du in Kapitel 4 eine Lösung dafür.

Die Erfolgsgleichung lautet also:

Besserer Schreibstil (Kapitel 2) + **effizienterer Schreibprozess** (Kapitel 3) + **mehr Motivation, Konzentration und Kontrolle** (Kapitel 4) = **wissenschaftliche Arbeit in 30 Stunden mit einer Eins beurteilt**

Dieser Ratgeber hilft dir dabei, diese Gleichung zu deiner Realität zu machen. Je früher du anfängst, desto mehr Freizeit wirst du in den nächsten Studienjahren haben und dich gleichzeitig über deine Noten freuen können.

Wie du dieses Buch benutzt

Ich gehe davon aus, dass du dieses Buch nicht aus Vergnügen liest. Und damit du mit dem Lesen des Buches nicht mehr Zeit verbringst als notwendig, gebe ich dir hier einige Empfehlungen. Es hat, wie gesagt, drei Hauptkapitel (Kapitel 2–4) und ich empfehle dir, es wie folgt zu lesen:

1. Lies Kapitel 2 zum akademischen Schreibstil kurz an – so lange, bis du sagen kannst, ob du hier noch üben musst. Lies dann entweder weiter und setz die Tipps um oder überspring das Kapitel.
2. Lies die 12 Schritte in Kapitel 3 (vom leeren Blatt zur fertigen wissenschaftlichen Arbeit) einzeln und nicht zuerst einmal komplett. Das Buch zuerst einmal ganz durchzulesen, würde dir zwar einen Überblick über den gesamten Prozess des Schreibens einer wissenschaftlichen Arbeit geben, am Ende hättest du aber noch überhaupt gar nichts aufs Blatt gebracht. Und um das zu tun, müsstest du höchstwahrscheinlich wieder von vorne zu lesen anfangen. Also: lieber erstmal nur Schritt 1 lesen und umsetzen. Falls du einen ersten Überblick über den kompletten Arbeitsprozess haben möchtest, lies das Inhaltsverzeichnis.
3. Ich erkläre dir in jedem Schritt eine oder mehrere Arbeitstechniken. Dein Ziel sollte es sein, diese zu verstehen. Es kann sein, dass du dazu alle Seiten meiner Erklärung lesen musst; es kann aber auch sein, dass du das Prinzip hinter der Erklärung schon auf Seite 2 verstanden hast. Lies in dem Fall nicht weiter, sondern versuch die Technik anzuwenden. Dann merkst du am besten, wo es noch hakt, und kannst gezielter nachlesen.
4. Kapitel 4 zur Motivation ist völlig optional. Hier würde ich an deiner Stelle nur dann reinschauen, wenn ein Motivations-, ein Konzentrationsproblem oder eine Schreibblockade auftritt.

Kapitel 2

Wie schreibst du sprachlich so gut, dass es deinen Professor vor Begeisterung umhaut?

Karl Popper ist nicht nur einer der berühmtesten Philosophen des 20. Jahrhunderts – nein, der Mann hatte auch Humor. Oder etwas gegen seine akademischen Kollegen. Neben seinen wissenschaftsphilosophischen Werken hat er nämlich auch ein kleines Büchlein herausgegeben, in dem er besonders kompliziert klingende Aussagen anderer Wissenschaftler logisch überprüft und in Alltagssprache zu übersetzen versucht.

Dabei stellte Popper fest, dass seine Kollegen wohl hin und wieder nicht so genau wussten, was sie eigentlich sagen wollten – das Ganze aber so kompliziert formulierten, dass die Inhaltslosigkeit nicht weiter auffiel.

Das heißt für uns: In wissenschaftlichen Texten wird vieles komplizierter als nötig ausgedrückt. Wenn wir es aber selbst nicht auch so machen, wird die wissenschaftliche Arbeit wahrscheinlich nicht gut bewertet. Gute Ideen allein helfen nichts, sie müssen auch in der Sprache der Wissenschaft formuliert werden.

Das Gute daran ist: Akademisch zu lernen ist nicht anspruchsvoll und braucht nicht mehr als eine halbe Stunde pro Tag über ein paar Wochen hinweg.

Das klingt jetzt vielleicht nach unverschämt viel Zeitaufwand für so eine schnöde wissenschaftliche Arbeit. Wenn wir uns aber klar machen, dass wir pro Tag im Schnitt 16 Stunden wach sind und davon gut und gerne fünf halbe Stunden einfach vertrödeln (insbesondere in den Untiefen des Internets), sollte sich eine halbe Stunde für diese Übung finden lassen.

Denn damit verbesserst du die Noten **aller** zukünftigen wissenschaftlichen Arbeiten. Und wenn du einmal weißt, wie Akademisch funktioniert, dann beherrschst du es **ein für allemal**. Dann geht dir das Schreiben einfach von der Hand und schnell und mit Selbstvertrauen. Und all das für ein paar läppische halbe Stunden.

Wie Akademisch lernen?

Am besten fängst du dort an, wo du gerade bist: bei den wissenschaftlichen Texten, die du für deine Seminare und Vorlesungen sowieso lesen musst. Indem du diese Texte liest, bekommst du einen guten Eindruck davon, wie Akademisch aussieht und klingt. Um Akademisch aber wirklich zu **lernen**, musst du aktiv werden und es **selbst schreiben**.

Da du aber ja noch gar nicht weißt, wie Akademisch funktioniert, brauchst du jemanden oder etwas, der oder das dich beim Schreiben anleitet. Und wer oder was soll das sein? Ganz einfach: wissenschaftliche Texte, die in Fachzeitschriften publiziert wurden. Weil diese Zeitschriften einem starken Wettbewerb zwischen Wissenschaftlern unterliegen, werden dort nur die besten wissenschaftlichen Texte abgedruckt. Wenn also diese Texte nicht Musterbeispiele an Akademisch sind, was dann?

Was bringt das Abschreiben?

Das Abschreiben bewirkt, dass du die verschiedensten Eigenschaften der Texte direkt in dich aufsaugen kannst. Diese Methode ist viel effizienter, als wenn ich dir erklären würde, wie Akademisch funktioniert. Ich könnte in meinen Erklärungen niemals alle strukturellen und sprachlichen Besonderheiten der verschiedenen Fachrichtungen berücksichtigen. Und außerdem wäre die Erklärung wahrscheinlich ziemlich langweilig.

Wenn du aber abschreibst, interagierst du mit **allen** Elementen der Sprache deines Faches. Durch das Abschreiben bekommst du ein Gefühl dafür, wie die Sprache deines Faches aussieht und klingt, und nach und nach wirst du sie selbst besser und besser schreiben können.

Woher die Mustertexte nehmen?

Aus wissenschaftlichen Fachzeitschriften. Und die musst du nicht erst in der Bibliothek besorgen, sondern kannst sie einfach unter www.jstor.org finden. Auf JSTOR gibt es mehr wissenschaftliche Texte, als du je abschreiben kannst – aus allen Fachgebieten, auf Deutsch genauso wie auf Englisch und in vielen weiteren Sprachen.

Tipp als Suchbegriff einfach das Thema deiner letzten wissenschaftlichen Arbeit ein, und nimm den erstbesten Text, der dich interessiert. Falls du nach fünf Minuten noch keine Entscheidung getroffen haben solltest, nimm den Text, bei dem du gerade stehengeblieben bist. Auf JSTOR kann man ziemlich leicht verloren gehen und das soll nicht passieren.

Eigentlich sind die Artikel auf JSTOR kostenpflichtig, aber viele Unis bieten über deren VPN-Client Vollzugriff auf alle Texte an. Falls nicht, kannst du dir selbst einen kostenlosen Account bei JSTOR anlegen: Damit kannst du gleichzeitig drei Artikel komplett anschauen und nach dreizehn Tagen einen der bisherigen Artikel gegen einen neuen austauschen. So lange dauert das Abschreiben von drei Artikeln wahrscheinlich sowieso.

Wie abschreiben?

Nicht einfach irgendwie. Sondern: Versuch dich für die 30 Minuten voll auf den Text zu konzentrieren (falls das nicht klappt, siehe Kapitel 4). Ziel ist, dass du dich in die Fachsprache hineinversetzt und **ein Gefühl dafür** bekommst. Dazu solltest du beim Abschreiben zwei Fragen im Hinterkopf behalten:

1. Wie **formuliert** der Text seinen Inhalt/seine Ideen?
   Es geht um die Wörter und Phrasen, die in akademischen Texten vorkommen, aber in unserer Alltagssprache so gut wie nie verwendet werden.
2. Wie **strukturiert** der Text seinen Inhalt?
   Diese Frage hilft dir herauszufinden, wie Absätze logisch verbunden und Sätze innerhalb eines Absatzes angeordnet sind. Es geht auch darum, wo überhaupt ein Absatz gemacht wird und wo welche Art von Zwischenüberschrift eingefügt wird.

Absichtlich sagte ich, du sollst diese zwei Fragen im Hinterkopf behalten, weil es nicht darum geht, sie wörtlich zu beantworten. Stattdessen solltest du ein Gefühl für die vielen, vielen Wörter und Phrasen bekommen, mit denen der Text diese Fragen beantwortet. Dazu reicht es, deine Aufmerksamkeit auf die Frage zu lenken und den Text langsam und konzentriert abzuschreiben. Formulierungen und Textstrukturen hast du dann irgendwann im Gefühl und kannst sie in deiner eigenen wissenschaftlichen Arbeit verwenden.

Und „langsam und konzentriert" abzuschreiben bedeutet, sich pro Tag eine halbe Stunde lang intensiv mit einem Stück eines Textes auseinanderzusetzen. Ob das Stück eine Seite oder drei Seiten lang ist, ist völlig egal. Schreib lieber in einem Tempo, das dir 100% Konzentration ermöglicht.

Geh dann einfach von vorne nach hinten durch den Text. Behalt die Fragen im Hinterkopf, und schreib jeden Tag ein kleines Stückchen weiter – bis der ganze Text abgeschrieben ist. Dann suchst du dir einen neuen. So lange bis du glaubst, ein gutes Gefühl für die Sprache deines Fachs bekommen zu haben. Viel länger als ein, zwei Wochen dauert das meistens nicht.

Alternative zum Abschreiben

Neben dem Abschreiben gibt es noch eine sehr effektive Form, Akademisch schreiben zu lernen: das Feedback deines Professors. Dadurch wirst du direkt auf **individuelle** Schwächen in **deinem** Schreibstil aufmerksam gemacht. Gleichzeitig findest du heraus, auf welche Aspekte der spätere Leser deiner wissenschaftlichen Arbeit Wert legt und auf welche nicht. Das ist ein Jackpot! Falls dein Professor oder Dozent also während des Semesters anbietet, geschriebene Texte zu korrigieren, ist das eine super Gelegenheit!

Jetzt weißt du, wie du in der nächsten wissenschaftlichen Arbeit so gutes Akademisch schreibst, dass es deinen Professor vor Begeisterung umhaut. Das Wissen nützt dir aber nur dann etwas, wenn du tatsächlich anfängst zu üben. Und wenn du ehrlich bist, werden die Chancen dafür täglich sinken, sobald du diese Seite hier umblätterst. Also fang lieber gleich jetzt mit dem Abschreiben an. Es braucht dafür nicht mehr Vorbereitung als fünf Minuten Suche auf www.jstor.org und eine tägliche Erinnerung in deinem Handy. Viel Erfolg beim Üben!

Kapitel 3

Wie schreibst du so schnell, dass 15 Seiten wissenschaftliche Arbeit in 30 Stunden erledigt sind?

Ich dachte eigentlich immer, ich sei ziemlich gut im Sprachenlernen. Schließlich hatte ich Englisch studiert und immer wieder Komplimente von Muttersprachlern bekommen, obwohl ich mich im Englischunterricht in der Schule nie besonders angestrengt hatte. Doch dann entdeckte ich Tim Ferriss und merkte, dass mein Bewertungsmaßstab nicht sehr anspruchsvoll war. Ich hatte meinem Englischstudium drei Jahre gewidmet und Tim brauchte nur drei Monate, um fließend Spanisch zu lernen.

Wie das? Tim hatte zwei entscheidende Vorteile:

1. Er dachte vorher über das Lernen nach und fing erst an, als er die komplette Grammatik der Fremdsprache auf einer Seite zusammengefasst hatte.
2. Er dachte noch ein wenig mehr nach und wusste genau, welche Dinge er in welcher Reihenfolge lernen würde: nur die wichtigsten Wörter und grammatischen Formen, und die in der Reihenfolge von leicht nach schwer.

Was das Ganze mit deiner wissenschaftlichen Arbeit zu tun hat? Ich habe es wie Tim gemacht und herausgefunden, welche Elemente in so einer Arbeit am wichtigsten sind und in welcher Reihenfolge wir sie am besten abarbeiten. Du wirst dich also beim Schreiben nicht mehr ständig fragen müssen, welches Argument du als nächstes abhandelst, während du gleichzeitig versuchst, den Satz vor deiner Nase zu formulieren. Und du wirst dich nicht darum sorgen müssen, den Buchtitel, den dein Dozent unbedingt zitiert sehen möchte, wieder zu vergessen, während du doch eigentlich gerade versuchst, eine sinnvolle Argumentationskette zu entwickeln. Nein: Wir gehen jetzt gemeinsam den kompletten Arbeitsprozess von vorne bis hinten durch, Schritt für Schritt.

Schritt 1: Das richtige Material wählen

Wenn du dir von vornherein Arbeit ersparen willst, ist es wichtig, die zwei möglichen Arten von wissenschaftlichen Arbeiten zu kennen. Denn die zweite macht deutlich mehr Arbeit als die erste. Und unterscheiden kannst du sie so:

1. Wissenschaftliche Arbeiten über existierendes Material. In den meisten Fällen besteht es aus einem oder mehreren Texten, über die wir Aussagen treffen. Wir könnten zum Beispiel anhand von Beschäftigungsstatistiken eine wissenschaftliche Arbeit über die Entwicklung der Arbeitslosenzahlen in Deutschland schreiben. Oder Flugblätter aus dem Jahr 1968 nutzen, um eine wissenschaftliche Arbeit über die Studentenbewegung zu verfassen. Beides – die Statistiken und die Flugblätter – können wir einfach in der Bibliothek aus dem Regal nehmen.

2. Dann gibt es aber auch wissenschaftliche Arbeiten über Material, das wir erst noch produzieren müssen. Beispielsweise wenn wir herausfinden wollten, wie die Mitarbeiter eines Unternehmens in Restrukturierung diesen Prozess wahrnehmen. Dazu gibt es zu 99,9% noch kein Material. Also müssten wir es selbst produzieren, indem wir Mitarbeiter interviewen und die Interviews anschließend transkribieren. Und das braucht Zeit – oft genauso lange wie die komplette wissenschaftliche Arbeit im Fall von 1.

Mein Rat ist deshalb: **Entscheide dich soweit möglich immer für wissenschaftliche Arbeiten der ersten Art.** Manchmal verlangen die Modulbestimmungen oder der Professor, dass du selbst empirisches Material erhebst – also wissenschaftliche Arbeiten der zweiten Art schreibst. Dann lässt sich das natürlich nicht umgehen. In den folgenden Kapiteln findest du aber auch für diesen Fall alles, was du tun musst, um deine Fragebögen, Interviews etc. auszuwerten und zu einer fertigen wissenschaftlichen Arbeit zu verarbeiten. Für die Herstellung und Durchführung der Interviews nach einer bestimmten wissenschaftlichen Methode musst du dir dann allerdings anderswo Rat holen. (Empfehlen kann ich das Methodenbuch *Experteninterviews und Qualitative Inhaltsanalyse* von Jochen Gläser und Grit Laudel).

Wie du das existierende Material findest

Dazu musst du wissen, dass es wiederum zwei Arten von existierendem Material gibt:
1. Ein einzelnes in sich geschlossenes Material. Zum Beispiel ein Roman für Literaturwissenschaftler; ein Film für Filmwissenschaftler; ein Gebäude für Architekten; ein Bild für Kunsthistoriker. Für sehr lange Arbeiten kann es auch vorkommen, dass zwei in sich geschlossene Materialien gewählt und miteinander verglichen werden.
2. Eine Sammlung von vielen kleinen, aber zusammenhängenden Materialien. Also zum Beispiel Fernsehaufnahmen in den Medienwissenschaften; Zeitungsartikel in der Publizistik; Textkorpora in der Linguistik; Mitarbeiterinterviews in der BWL;

ausgefüllte Fragebögen in der Psychologie; Quellensammlungen in der Geschichtswissenschaft.

Anders aber als bei den zwei Arten von wissenschaftlichen Arbeiten gibt es bei den Materialarten keine, die grundsätzlich viel mehr Arbeit verursacht. Hier kannst du also frei wählen.

Wie du in sich geschlossenes Material findest

Die einfachste Methode dazu ist, einen (aktuellen oder älteren) Seminarplan hervorzuziehen und dich für einen Roman, einen Film, ein Gebäude, ein Bild etc. zu entscheiden, das in diesem Seminar behandelt wurde.

Wenn du auch hier den Arbeitsaufwand so gering wie möglich halten willst, gilt folgende Regel: Der kürzere Roman/Film etc. geht vor. Ob der Roman nämlich 500 oder 100 Seiten Umfang hat, macht für die Qualität der fertigen wissenschaftlichen Arbeit überhaupt keinen Unterschied. Nur müssen wir im ersten Fall ganze fünf Mal so viel lesen.

Ich weiß schon, dass wir oft lieber über das schreiben wollen, was uns auch interessiert. Weil wir denken, dass die wissenschaftliche Arbeit dann wenigstens ein bisschen Spaß machen könnte. Aber das stimmt nicht: Der Spaß bei einer wissenschaftlichen Arbeit kommt nämlich dann, wenn wir merken, dass wir zügig Fortschritte machen. Wenn das nicht der Fall ist, wird auch der interessanteste Text nach drei Stunden Arbeit zur Qual.

Sobald du dich für ein konkretes Material entschieden hast – zum Beispiel den Roman „Doktor Faustus" von Thomas Mann –, musst du nur noch **deinen Dozenten fragen, ob er mit dieser Wahl einverstanden ist**. Und schon geht es weiter zu Schritt 2.

Wie du viele kleine zusammenhängende Materialien findest

Hier können wir uns nicht einfach etwas aussuchen, denn in der Regel wissen wir gar nicht, dass bzw. wo eine Sammlung von kleinen zusammenhängenden Materialien existiert. Ein Roman von Thomas Mann ist relativ bekannt und im Internet zu finden, aber eine Quellensammlung zur Studentenbewegung in Hamburg aus dem Jahr 1968 eher nicht. Deshalb brauchen wir einen Anhaltspunkt, bevor wir überhaupt anfangen können zu suchen.

Auch hier hilft ein Blick auf einen Seminarplan. Das Thema des ganzen Seminars ist in der Regel viel zu groß für eine einzige wissenschaftliche Arbeit. Die Themen der einzelnen Sitzungen können aber gute Ansatzpunkte für die Materialsuche liefern.

In einem meiner Seminare sah der Plan zum Beispiel so aus:

Do 13 – 14   R 1355   WS 14/15

HS: Die Studentenbewegung um 1968

Programm   *2× Fehler*

1.Sitzung (16.10.2014)

Generalsprechstunde

2. Sitzung (23.10.)

Inhaltliche Einführung I

Am 30. 10. findet keine Sitzung statt

3. Sitzung (6.11.)

Inhaltliche Einführung II; Programmdiskussion und AG-Bildung

Am 13.11. findet keine Sitzung statt

4. Sitzung (20.11.)

Die Studentenbewegung als Generationsgeschichte (Diskussion auf Textgrundlage)

5. Sitzung (27.11.)

Die Studentenbewegung als Konsumgeschichte (Diskussion auf Textgrundlage)

Am 4.12. und 11.12. finden keine Sitzungen statt

6. Sitzung (18.12.)

Die Studentenbewegung als Theoriegeschichte (Diskussion auf Textgrundlage)

7. Sitzung (8.1.2015)

AG 1: Außerparlamentarische Opposition (APO) und Studentenbewegung: Akteure

8. Sitzung (15.1.)

AG 2: Proteste gegen Ordinarienherrschaft – Forderungen nach demokratischer Hochschule

9. Sitzung (22.1.)

AG 3: Thematisierung der braunen Vergangenheit als Legitimation der Revolte

Abbildung 3: Seminarplan „Die Studentenbewegung um 1968" am Historischen Institut der Uni Hamburg

Im Seminar hatte ich schon zum Thema der 8. Sitzung ein Referat gehalten, so lag es nahe, darüber auch die wissenschaftliche Arbeit zu schreiben. Ich brauchte also nichts weiter zu tun, als **meinen Dozenten zu fragen, ob er mit diesem Thema einverstanden ist und wo es eine Quellensammlung dazu gibt.**

Dauer Schritt 1: 0:30h

Schritt 2: Thema und Forschungstexte finden und analysieren

Unser Material haben wir jetzt schon – und damit das Herzstück unserer wissenschaftlichen Arbeit. Es fehlen aber noch drei andere Arten von Texten, von denen wir je nach Fach einige oder alle benutzen müssen, um eine wissenschaftliche Arbeit mit einer Eins abzuliefern. Das sind:

1. theoretische Texte,
2. methodische Texte und
3. Texte zu unserem Material (= Forschungstexte bzw. Sekundärliteratur. Je nach Land bzw. Universität wird entweder der eine oder der andere Begriff verwendet. Ich nenne das Ganze im Folgenden Forschungstexte.)

Alle drei Arten von Texten benutzen wir in der Regel dann, wenn wir eine Arbeit in den Sozialwissenschaften schreiben: also in Soziologie, Psychologie oder den Wirtschaftswissenschaften. In den Geisteswissenschaften werden in der Regel keine methodischen Texte verwendet; stattdessen sind die theoretischen Texte dort wichtiger.

Forschungstexte benutzen wir aber in jedem Fall, denn sie beschäftigen sich direkt mit unserem Material, indem sie es in irgendeiner Form analysieren oder interpretieren. Forschungstexte sind zum Beispiel Bücher und wissenschaftliche Artikel zu Thomas Manns Roman „Doktor Faustus". Alle Texte zu diesen Materialien gemeinsam bilden den Forschungsstand.

Und die gute Nachricht ist: Jetzt gerade interessiert uns nur dieser Forschungsstand. (Nach theoretischen und methodischen Texten suchen wir erst, nachdem wir in Schritt 3 mit dem Dozenten gesprochen haben.) Und wenn wir die notwendige Zahl an Texten dazu gefunden haben, haben wir gleichzeitig auch unser Thema gefunden. Dazu brauchen wir insgesamt wieder höchstens 30 Minuten.

Wie du Thema und Forschungstexte gleichzeitig findest

Ziel ist es, ungefähr sieben Forschungstexte zu unserem Material ausfindig zu machen. Mit dieser Anzahl habe ich bisher immer sehr gute Ergebnisse erzielt und sie sagt uns auch ziemlich zuverlässig, dass das Thema weder zu groß noch zu klein ist. Schließlich soll das Kapitel zum Forschungsstand ja nicht viel länger als drei Seiten werden (mehr dazu und zur Gliederung in Schritt 6).

Du findest die Texte online an einem dieser beiden Orte: auf www.jstor.org oder in deinem Uni-Bibliothekskatalog.

Da du an dieser Stelle noch nicht weißt, was die genaue Frage der wissenschaftlichen Arbeit sein wird, besteht die Gefahr, in einem Ozean von Texten zu versinken. Anhand eines Beispiels zeige ich dir nun aber, wie du das vermeidest. (Ich mag JSTOR, deswegen beginne ich meine Suche immer dort, und greife nur dann auf den Bibliothekskatalog zurück, wenn JSTOR nicht genügend Texte hergibt. Falls du aber aus irgendwelchen Gründen die Suche im Bibliothekskatalog deiner Uni starten möchtest, kannst du das natürlich tun. Das Vorgehen bleibt gleich.)

Ein Beispiel: Forschungstexte auf JSTOR finden

Nehmen wir an, unser Material sind Interviews mit Mitarbeitern eines deutschen Tochterunternehmens in Großbritannien und die Interviewfragen drehen sich um die „Unternehmenskultur".

Wir gehen auf www.jstor.org und tippen „unternehmenskultur [Name des Unternehmens]" in das Suchfeld ein. Das liefert dieses Resultat:

JSTOR HOME   SEARCH ▼   BROWSE ▼   MyJSTOR ▼

9 Search Results

| unternehmenskultur␣␣␣␣␣␣␣␣ | Search |

☐ **Search within results**   Modify Search   Search Help

| **All Results** | Journals | Books | Pamphlets |

All Content   Content I can access   Relevance   Newest   Oldest   10 25 50 100

Citation Tools ▤Save ☑Email ☐Export ☉Track   « Previous Page 1 of 1 Next »
  ☐ Select/Unselect All

⊗ ☐ Front Matter   Journal
     Personal, Vol. 57, No. 6, MODERNISIERUNG DER ARBEITSWELT (Juni 2005)

⊗ ☐ Dissertationen 2000   Journal
     Personal, Vol. 53, No. 6, Daten und Fakten für die Personalarbeit (Juni 2001), pp. 323-324

⊗ ☐ Front Matter   Journal
     Personal, Vol. 57, No. 3, ARBEITSZEIT (März 2005)

Abbildung 4: Literatursuche zum Suchbegriff „unternehmenskultur" auf www.jstor.org

Wir achten zuerst auf die „Search Results" oben (es sind 9). Da wir nach ungefähr sieben Texten suchen, ist dieses Suchergebnis von der Zahl her super. Das Problem sind hier aber die Titel der gefundenen Artikel: Es sind hauptsächlich Titelblätter („Front Matter") von Fachzeitschriften („Journals"), die überhaupt nichts mit unserem Suchbegriff zu tun haben. Das siehst du daran, dass die Ergebnisse den Suchbegriff in ihrem Titel gar nicht enthalten.

Das ist seltsam, denn zumindest zum Suchbegriff Unternehmenskultur sollte es doch Fachartikel geben. Es scheint also an dem Namen des Unternehmens im Suchbegriff zu liegen. Was könnten wir stattdessen verwenden?

„Interviews" liegt nahe, weil die ja genau unser Material ausmachen. Also versuchen wir es mit „unternehmenskultur interviews":

224 Search Results

unternehmenskultur interviews	Search

☐ **Search within results**   Modify Search   Search Help

All Results	Journals	Books	Pamphlets

| All Content | Content I can access | | Relevance | Newest | Oldest | 10 | 25 | 50 | 100 |

Citation Tools 🖫 Save ☑ Email 🗗 Export ⊙ Track   « Previous **Page 1 of 9** Next »
  ☐ Select/Unselect All

Journal

⊗ ☐ Review

Wir, die Firma. Der Kult um die Unternehmenskultur by Oswald Neuberger, Ain Kompa

Review by: Gunther Schwarz

Zeitschrift für Personalforschung / German Journal of Research in Human Resource Management, 1. Jahrg., H. 4 (1987), pp. 501-504

Journal

⊗ ☐ Unternehmenskultur und Personalführung

Christian Scholz, Wolfgang Hofbauer

Zeitschrift für Personalforschung / German Journal of Research in Human Resource Management, 1. Jahrg., H. 4 (1987), pp. 461-482

Journal

⊗ ☐ Post Merger Identity

Torsten Jung

Personal, Vol. 53, No. 12, MERGERS & ACQUISITIONS (Dezember 2001), pp. 680-683

Journal

⊗ ☐ Interkulturelles Personalmanagement in deutsch-polnischen Joint Ventures und deutschen Tochterunternehmen in Polen. Eine Befragung von deutschen und polnischen Führungskräften

Michel E. Domsch, Uta B. Lieberum, Christiane Strasse

Journal for East European Management Studies, Vol. 2, No. 4 (1997), pp. 377-405

Journal

⊗ ☐ Die Implementierung wertefundierter nordamerikanischer Verhaltenskodices in deutschen und französischen Tochtergesellschaften. Eine vergleichende Fallstudie

Christoph I. Barmeyer, Eric Davoine

Zeitschrift für Personalforschung / German Journal of Research in Human Resource Management, Jahrg. 25, H. 1 (2011), pp. 5-27

Abbildung 5: Literatursuche zum Suchbegriff „unternehmenskultur interviews" auf www.jstor.org

Diesmal haben schon einige der Titel mit unserem Suchbegriff zu tun. Allerdings sind 224 Suchresultate viel mehr, als wir haben wollen. Das deutet darauf hin, dass das Thema noch viel zu groß ist. An diesem Punkt brauchst du deshalb auch noch gar nicht die Texte anzuschauen, um einzuschätzen, ob du sie brauchen kannst oder nicht. Erstmal geht es nur um die Anzahl der Artikel und deren Titel.

Was machen wir nun, um weniger Resultate zu erhalten? Den Suchbegriff einschränken. Und das funktioniert, indem wir dem Ganzen ein Wort hinzufügen.

Welches Wort? Dazu überfliegen wir die Titel unseres bisherigen Suchergebnisses (Abb. 5) und suchen nach Gemeinsamkeiten. In diesem Fall kommt das Wort „Tochterunternehmen" oder „Tochtergesellschaft" mehrmals vor. Versuchen wir es also mit: „unternehmenskultur interviews tochterunternehmen". Das Ergebnis zeigt Abb. 6.

Die Anzahl der Resultate (12) ist super! Aber wenn wir die Titel lesen, stellen wir fest, dass da ziemlich viel mit „Betriebsräten" dabei ist (oder „Arbeitnehmerbeteiligung", was dasselbe ist). Und das hat nun so gar nichts mit „Unternehmenskultur" zu tun. Wenn wir diese Titel ignorieren, bleibt ein Text, der relevant ist: der oberste zu dem „deutschen Tochterunternehmen" in Polen. Den wählen wir aus und laden ihn herunter oder – wenn wir ein kostenloses Account und nicht eins über die Uni haben – merken ihn online für später vor.

Um sechs weitere Texte zu finden, müssen wir den Suchbegriff „tochterunternehmen" aber scheinbar noch durch einen anderen ersetzen. Uns war ja eben auch noch der Begriff „tochtergesellschaft" aufgefallen. Also versuchen wir es jetzt mit: „unternehmenskultur interviews tochtergesellschaft" wie in Abb. 7.

11 Resultate liegen wieder ungefähr in der Größenordnung, nach der wir suchen. An erster Stelle finden wir auch gleich wieder den Artikel, den wir bereits heruntergeladen haben. Darunter habe ich alle Volltreffer aus dieser Liste eingefügt (die anderen fünf Treffer habe ich ausgeblendet, weil sie alle wieder ein anderes Thema, nämlich „Arbeitsbeziehungen", haben). Alle diese Texte behandeln in irgendeiner Weise die Unternehmenskultur in einem internationalen Kontext. Die Texte zwei bis vier können wir also ebenfalls herunterladen – damit sind wir bei insgesamt vier Texten. Die beiden letzten Artikel sind Buchrezensionen („Reviews") und die Bücher könnten wir ziemlich leicht bei Google Books oder in unserem Bibliothekskatalog einsehen. Da wir den Forschungsstand später aber auch noch analysieren müssen und dabei nicht unbedingt auf Bücher zurückgreifen möchten (weil mehr Arbeit), versuchen wir noch drei weitere Artikel auf JSTOR zu finden.

Dazu brauchen wir noch einen anderen Begriff als Tochtergesellschaft, der aber inhaltlich etwas Ähnliches ausdrückt. Wir überfliegen also wieder die Liste auf der Suche nach Gemeinsamkeiten und uns fällt der Begriff „multinational" auf. Unsere nächste Suche lautet also: „unternehmenskultur interviews multinational" (Abb. 8).

12 Search Results

unternehmenskultur interviews tochterunternehmen	**Search**

☐ Search within results   Modify Search   Search Help

All Results   Journals   Books   Pamphlets

All Content   Content I can access   Relevance   Newest   Oldest   10   25   50   100

Citation Tools 🖫 Save ☒ Email 🗗 Export ⊙ Track   « Previous Page 1 of 1 Next »
☐ Select/Unselect All

Journal

⊗ ☐ Interkulturelles Personalmanagement in deutsch-polnischen Joint Ventures und deutschen
Tochterunternehmen in Polen. Eine Befragung von deutschen und polnischen
Führungskräften
Michel E. Domsch, Uta B. Lieberum, Christiane Strasse
Journal for East European Management Studies, Vol. 2, No. 4 (1997), pp. 377-405

Journal

⊗ ☐ Personalpolitik als Instrument zur bewußten Kulturdifferenzierung und Kulturkoexistenz
Christian Scholz, Teresa Messemer, Marco Schröter
Zeitschrift für Personalforschung / German Journal of Research in Human Resource Management, EURO-
STRATEGISCHES PERSONALMANAGEMENT, Band 1 (1991), pp. 43-74

Journal

⊗ ☐ Die Konstituierung Europäischer Betriebsräte. Eine vergleichende Studie von acht Konzernen
in vier Ländern
Wolfgang Lecher
Industrielle Beziehungen / The German Journal of Industrial Relations, Jahrg. 5, H. 2 (1998), pp. 236-240

Journal

⊗ ☐ Vertrauen als Legitimation für die Betriebsratsarbeit
Ursula Rami, Andreas Hunger
Industrielle Beziehungen / The German Journal of Industrial Relations, Jahrg. 18, H. 3 (2011), pp. 167-189

Journal

⊗ ☐ Europäische Betriebsräte — eine Konstitutionsanalyse. Zur Genese und Dynamik
transnationaler Arbeitsbeziehungen
Hans-Wolfgang Platzer, Klaus-Peter Weiner
Industrielle Beziehungen / The German Journal of Industrial Relations, Jahrg. 5, H. 4 (1998), pp. 388-412

Journal

⊗ ☐ Kehrt der Staat zurück? Rekommunalisierungen in den Aufgabenbereichen Entsorgung und
Gebäudereinigung
Tim Engartner
Zeitschrift für öffentliche und gemeinwirtschaftliche Unternehmen: ZögU / Journal for Public and Nonprofit Services, 32.
Jahrg., H. 4 (2009), pp. 339-355

Journal

⊗ ☐ Konvergenz und Divergenz von Arbeitsbeziehungen in multinationalen Unternehmen. Die
Nahrungsmittelindustrie und der Bankensektor im Drei-Länder-Vergleich
Reiner Volz
Industrielle Beziehungen / The German Journal of Industrial Relations, Jahrg. 4, H. 2 (1997), pp. 79-100

Journal

⊗ ☐ Verhandelte Arbeitnehmerbeteiligung. Ein empirischer Vergleich der Formen vor und nach
der Gründung einer Europäischen Aktiengesellschaft
Sophie Rosenbohm
Industrielle Beziehungen / The German Journal of Industrial Relations, Jahrg. 20, H. 1 (2013), pp. 8-35

---

*Abbildung 6: Literatursuche zum Suchbegriff „unternehmenskultur interviews tochterunternehmen" auf
www.jstor.org*

11 Search Results

| unternehmenskultur interviews tochtergesellschaft | Search |

☐ **Search within results**   Modify Search   Search Help

| **All Results** | Journals | Books | Pamphlets |

| All Content | Content I can access | | Relevance | Newest Oldest | | 10 | 25 | 50 100 |

Citation Tools 🖫 Save ✉ Email ⬐ Export ⏲ Track   « Previous **Page 1 of 1** Next »
☐ Select/Unselect All

⊗ ☐ Interkulturelles Personalmanagement in deutsch-polnischen Joint Ventures und deutschen   Journal
Tochterunternehmen in Polen. Eine Befragung von deutschen und polnischen
Führungskräften
Michel E. Domsch, Uta B. Lieberum, Christiane Strasse
Journal for East European Management Studies, Vol. 2, No. 4 (1997), pp. 377-405

⊗ ☐ Die Implementierung wertefundierter nordamerikanischer Verhaltenskodices in deutschen   Journal
und französischen Tochtergesellschaften. Eine vergleichende Fallstudie
Christoph I. Barmeyer, Eric Davoine
Zeitschrift für Personalforschung / German Journal of Research in Human Resource Management, Jahrg. 25, H. 1 (2011),
pp. 5-27

⊗ ☐ Der Transfer von HRM-Praktiken von deutschen multinationalen Unternehmen auf ihre   Journal
Tochtergesellschaften in Korea
Sug-In Chang
Zeitschrift für Personalforschung / German Journal of Research in Human Resource Management, Jahrg. 20, H. 3 (2006),
pp. 233-254

⊗ ☐ Unternehmenskulturelle Anpassungprobleme in deutschrussischen Joint Ventures   Journal
Dirk Holtbrügge
Journal for East European Management Studies, Vol. 1, No. 1 (1996), pp. 7-27

⊗ ☐ Review   Journal
Akkulturation von Auslandsakquisitionen - eine Untersuchung zur unternehmenskulturellen
Anpassung by Rolf-Dieter Reineke
Review by: Marie-Hélène Perey
Management Revue, 1. Jahrg., H. 4. (1990), pp. 323-325

⊗ ☐ Review   Journal
Unternehmen als Kulturräume. Eigensinnige betriebliche Integrationsprozesse im
transnationalen Kontext by Regina Buhr
Review by: Hartmut Kreikebaum
Management Revue, 10. Jahrg., H. 1. (1999), pp. 36-39

Abbildung 7: Literatursuche zum Suchbegriff „unternehmenskultur interviews tochtergesellschaft" auf
www.jstor.org

18 Search Results

| unternehmenskultur interviews multinational | **Search** |

☐ **Search within results**   Modify Search   Search Help

| **All Results** | Journals | Books | Pamphlets |

| All Content | Content I can access | | Relevance | Newest | Oldest | | 10 | **25** | 50 | 100 |

Citation Tools ▤ Save ☑ Email ⌸ Export ◐ Track   « Previous Page 1 of 1 Next »
   ☐ Select/Unselect All

Journal

⊗ ☐ Measuring Organizational Cultures: A Qualitative and Quantitative Study Across Twenty
      Cases
      Geert Hofstede, Bram Neuijen, Denise Daval Ohayv, Geert Sanders
      Administrative Science Quarterly, Vol. 35, No. 2 (Jun., 1990), pp. 286-316

Journal

⊗ ☐ Kulturelle Konflikte in deutsch-chinesischen Joint-Ventures: Dargestellt am Beispiel der
      Einführung von Konzepten der Personalführung
      Joachim Freimuth, Renate Krieg, Monika Schädler
      Zeitschrift für Personalforschung / German Journal of Research in Human Resource Management, Jahrg. 19, H. 2 (2005),
      pp. 159-180

*Abbildung 8: Literatursuche zum Suchbegriff „unternehmenskultur interviews multinational" auf
www.jstor.org*

Die Anzahl der Suchresultate sieht gut aus, und wir finden zwei neue Texte, die voll
in unser Thema passen (plus vier weitere, die wir schon heruntergeladen haben).
Damit haben wir sechs Forschungstexte (also ungefähr sieben) und sind fertig. Unser
Thema könnten wir nun erst einmal so formulieren: „Unternehmenskultur in Tochterunternehmen multinationaler Konzerne". Das wird später noch einmal verfeinert,
ist aber schon ein super Anfang, mit dem wir gut weiterarbeiten können.

Forschungstexte analysieren

Wenn du Forschungstexte gefunden hast, ist dein nächstes Ziel: die Analyse der Forschungstexte. Schließlich musst du wissen, was zu deinem Material bzw. Thema bereits geschrieben wurde, um in deiner wissenschaftlichen Arbeit dann etwas sagen
zu können, dass dieses Gesagte in irgendeiner Art erweitert. Etwas Neues ist nämlich
genau das, was wissenschaftliche Texte sagen sollen und was dein Dozent lesen
möchte.

Was „analysieren" wirklich bedeutet
Die gute Nachricht ist: Einen Text analysieren bedeutet in meinem Verständnis nicht,
einen Text Wort für Wort von vorne bis hinten zu lesen. Wenn ich einen Forschungstext für meine wissenschaftliche Arbeit analysiere, springe ich durch den Text und

entnehme ihm nur das, was ich brauche. Mit ein bisschen Übung brauchst du dafür pro Forschungstext nicht länger als 30 Minuten. Das heißt, in knapp vier Stunden kannst du alle deine Forschungstexte so bearbeiten, dass du sie danach nie wieder anfassen musst.

Was du hier lernst, wird oft als Speed Reading bezeichnet. Eigentlich lesen wir aber gar nicht schneller (im Sinne von mehr Wörtern pro Minute), sondern smarter (im Sinne von: nur die wichtigsten Stellen) – und sind dadurch eben schneller fertig. Und das hilft dir nicht nur bei Texten für wissenschaftliche Arbeiten, sondern hinsichtlich der ganzen Masse an schriftlichen Informationen, der du Tag für Tag begegnest.

Hab bitte Verständnis dafür, dass die folgende Erklärung etwas länger ist und deshalb auf den ersten Blick vielleicht kompliziert erscheint. Lesen ist ein komplexer Vorgang und deswegen braucht es diese Erklärung. Wenn du nach dem ersten Lesen dann noch einmal über den Text drüberschaust und auf die Arbeitsschritte achtest, wirst du aber sehen, dass das Verfahren logisch und immer dasselbe ist. Also investier jetzt 15 Minuten, um es zu verstehen, und du wirst jeden zukünftigen wissenschaftlichen Text nach 30 Minuten für immer zu den Akten legen können.

Wonach du bei der Analyse suchst

Dazu musst du dir klar machen, woraus so ein Forschungstext eigentlich besteht. Im Grunde aus nichts weiter als drei Arten von Aussagen. In der Reihenfolge, wie sie in Texten in der Regel vorkommen, sind das:
1. eine These gefolgt von
2. einer Argumentationskette, bestehend aus Argument 1, Argument 2, Argument 3 usw. und
3. einer Konklusion (eine Konklusion ist nichts weiter als die Wiederholung der These, diesmal aber mit mehr Selbstvertrauen, weil an diesem Punkt ja schon alle Argumente genannt sind und der Autor deshalb davon überzeugt ist, dass die These stimmt).

Was ist eine These?

Eine These ist eine Behauptung über dein Material. Ein Forschungstext kann beispielsweise behaupten, dass der Faktor Bildung bei der Jobsuche wichtiger ist als die soziale Schicht, aus der der Bewerber stammt. Achtung: Manchmal ist die These auch als Frage formuliert.

Wie du die These findest

Manchmal ist das ziemlich einfach, nämlich wenn der Autor Signalwörter oder -phrasen benutzt wie „Die leitende Frage dieses Textes ist..."; „Meine These in diesem Artikel ist, dass ..."; „Im Folgenden werde ich argumentieren, dass ..." oder der Autor diese Signalwörter in der Einleitung des Textes verwendet und am Schluss noch einmal in leicht abgewandelter Form wiederholt (als Konklusion).

Signalwörter werden in der einen oder anderen Form fast immer auftauchen. Allerdings kann es sein, dass ein Text keine Zwischenüberschriften hat, du also gar nicht siehst, bis wohin die Einleitung geht oder wo der Schluss beginnt. Wenn die These dann nicht auf den ersten zwei Seiten, sondern vielleicht erst auf der fünften Seite steht, wird es schwierig. Damit du aber auch in so einem Fall die These findest, schauen wir uns ein Beispiel an.

Beispiel: These finden

Eins vorweg: Das Beispiel ist wirklich enorm schwierig! Wir werden viel suchen und viel im Text hin und her springen müssen. Die nächsten zehn Minuten werden also etwas mühsam werden, aber dafür werden dir danach 99% der Fälle in der Realität sehr einfach vorkommen. Das hier ist also die beste Vorbereitung für dich, einen Forschungstext zukünftig in unter 30 Minuten so bearbeiten zu können, dass du ihn danach nie wieder anfassen musst.

Nehmen wir an, wir haben uns als Thema der wissenschaftlichen Arbeit „Die Darstellung von Musik in Thomas Manns Roman ‚Doktor Faustus'" ausgesucht. Vor uns haben wir jetzt einen Forschungstext von Michael Zywietz mit dem Titel „‚Das Geheul als Thema – welches Entsetzen!' – Zum Oratorium 'Apocalipsis cum figuris' in Thomas Manns Roman 'Doktor Faustus'". Und vielleicht haben wir erst einmal gar keine Ahnung, was die Überschrift eigentlich bedeuten soll. Das ist völlig okay. Wichtig ist nur: Wir wissen, dass es in dem Text um Musik („Oratorium") im Roman „Doktor Faustus" geht und wir daher an der richtigen Adresse sind.

Wie gehen wir also vor, um die These zu finden?

1. *Gegenstand im Titel identifizieren*
   Zu 99% ist die These sehr eng mit dem Titel des Textes verwandt. Der im Titel genannte Gegenstand des Textes ist also die Sache, um die es geht. Der Gegenstand ist in diesem Fall ein Oratorium mit dem komplizierten Namen „Apocalipsis cum figuris". (Die Phrase „Das Geheul als Thema – welches Entsetzen!" ist, wie wir an den Anführungszeichen erkennen, lediglich ein Zitat aus dem Text. So etwas wird in literaturwissenschaftlichen Forschungstexten häufig verwendet, um das Interesse des Lesers zu wecken, ist aber für die These völlig uninteressant.)
   Das nützt uns wie folgt: Wenn These und Gegenstand ziemlich ähnlich sind und wir den Gegenstand kennen, sollten wir nach den Sätzen im Text Ausschau halten, in denen der Gegenstand genannt wird. Ziemlich wahrscheinlich steckt dort dann auch irgendwo die These. In diesem Fall also in einem Satz, der das Oratorium „Apocalipsis cum figuris" erwähnt.

2. *Die ersten beiden Seiten überfliegen und nach dem Gegenstand suchen*
   Jetzt überfliegen wir die ersten Seiten des Textes auf der Suche nach dem Gegenstand. Warum die ersten Seiten? Weil die These in der Regel in der Einleitung genannt wird, und diese ist nur selten länger als die ersten beiden Seiten.

Und überfliegen heißt: Die Augen bewegen sich eher von oben nach unten als von links nach rechts. Dabei nehmen wir möglichst die ganze Zeilen, nicht einzelne Wörter in den Blick. Und suchen eben nur nach den Wörtern Oratorium „Apocalipsis cum figuris". Auf der ersten Seite finden wir nichts:

140

„Das Geheul als Thema – welches Entsetzen!" – Zum Oratorium „Apocalipsis cum figuris" in Thomas Manns Roman „Doktor Faustus"

von Michael Zywietz (Bremen)

Serenus Zeitblom, der mit seiner Unwürdigkeit gegenüber dem Gegenstand kokettierende und sich doch berufen wissende Biograph Adrian Leverkühns, partielles Alter-Ego des Autors Thomas Mann, verleiht wiederholt seinen Zweifeln, Sorgen und Skrupeln Ausdruck, ob er denn der Richtige sei, um das Leben jenes deutschesten aller deutschen Tonsetzer zu schildern und niederzulegen. Ebensolche Gefühle beschleichen auch den Musikhistoriker, möchte er einen Teilaspekt des vielleicht wirkungsmächtigsten deutschsprachigen Romans des 20. Jahrhunderts zum Gegenstand einiger Erörterungen machen. Anknüpfungspunkte bietet der Roman *Doktor Faustus* dem kultur- und geistesgeschichtlich ambitioniert schreibenden Musikhistoriker, und nicht nur diesem, gewiss genug. So wirft etwa Jonathan Leverkühn, der Vater des Helden, dessen naturwissenschaftliche Studien „von gewissen Zeiten dahin charakterisiert worden wären, er habe wollen ‚die Elementa spekulieren'"[1], die Frage auf nach dem Sinngehalt, der Bedeutung alles Seienden und nach dem Zeichencharakter bestimmter Naturerscheinungen:

„Es hat sich, sagte er, die Unmöglichkeit erwiesen, dem Sinn dieser Zeichen auf den Grund zu kommen. Leider, meine Lieben, ist dem so. Sie entziehen sich unserem Verständnis, und es wird schmerzlicherweise dabei wohl bleiben. Wenn ich aber sage, sie ‚entziehen sich', so ist das eben nur das Gegenteil von ‚sich erschließen', und daß die Natur diese Chiffren, zu denen uns der Schlüssel fehlt, der bloßen Zier wegen auf die Schale ihres Geschöpfes gemalt haben sollte, redet mir niemand ein. Zier und Bedeutung liefen stets nebeneinander her, auch die alten Schriften dienten dem Schmuck und zugleich der Mitteilung. Sage mir keiner, hier werde nicht etwas mitgeteilt! Daß es eine unzugängliche Mitteilung ist, in diesen Widerspruch sich zu versenken, ist auch ein Genuß."[2]

Für Musiker und Musikwissenschaftler, die in ihrer Arbeit alltäglich mit hochkomplexen Zeichensystemen beschäftigt sind, deren Sprachähnlichkeit im Topos von der Sprache der Musik immer wieder behauptet und ebenso vehement bestritten wird,[3] gewiss Ansporn und Trost zugleich. Denn die Unmöglichkeit, ein musikalisches Zeichensystem letztgültig und falsifizierbar zu entschlüsseln, eine Deutung als allein gültig zu beweisen, gehört zur künstlerischen wie wissenschaftlichen Kunst der Interpretation selbstverständlich dazu.

Der Roman selbst ist in vielfältigster Art und Weise endzeitlich, nicht nur in Ton und Stimmung. Geschildert wird der Untergang einer Epoche mit dem Ende des Ersten

Abbildung 9: Erste Seite (Ausschnitt) des Forschungstextes von M. Zywietz zu Thomas Manns „Doktor Faustus"

Das Überfliegen hat aber auch nur 20 Sekunden gedauert. Also weiter auf der nächsten Seite. Dort finden wir unseren Gegenstand zweimal erwähnt:

Weltkrieges. Wie wichtig Mann das Endzeithafte der Jahre nach dem Ersten Weltkrieg erschien, wird dadurch unzweifelhaft, dass er die Schilderung der *Apocalipsis cum figuris* in Kapitel XXXIV mit den kulturkritischen Erörterungen im Kreis um Sixtus Kridwiß korrespondieren lässt. Mann betont ausdrücklich, „daß die Erschütterung und Zerstörung scheinbar gefestigter Lebenswerte durch den Krieg namentlich in den besiegten Ländern, die dadurch einen gewissen geistigen Vorsprung vor den anderen hatten, sehr lebhaft empfunden wurde. Es wurde sehr stark empfunden und objektiv festgestellt: der ungeheuere Wertverlust, den durch das Kriegsgeschehen das Individuum als solches erlitten hatte, die Achtlosigkeit, mit der das heutzutage das Leben über den Einzelnen hinwegschritt, und die sich denn auch als allgemeine Gleichgültigkeit gegen sein Leiden und Untergehen im Gemüte der Menschen niederschlug."[4]

Die ideelle Verbindung zum *Oratorium* besteht insbesondere in der Diagnose, dass diese politisch-historische Endzeit den Boden für eine heraufziehende Barbarei bereite. Denn schon im VIII. Kapitel, der Darstellung und Erörterung der Kretzschmar-Vorträge gewidmet, legt Adrian Leverkühn ein Bekenntnis ab, das den Widerspruch zwischen Kultur und Barbarei dialektisch aufzuheben scheint: „Die Barbarei ist das Gegenteil der Kultur doch nur innerhalb der Gedankenordnung, die diese uns an die Hand gibt. Außer dieser Gedankenordnung mag das Gegenteil ganz etwas anderes oder überhaupt kein Gegenteil sein."[5]

Des Weiteren schreibt der Ich-Erzähler in der Endzeit des Zweiten Weltkrieges, die für zahllose unmittelbar vom Kriegsgeschehen Betroffene im wahrsten Sinne des Wortes apokalyptische Züge trug. Und dass der Autor das Werk an der Schwelle zum Greisenalter verfasst und während der Arbeit von einer lebensbedrohenden Krankheit heimgesucht wurde, bleibe nicht unerwähnt. Weiterhin werden Letzte Dinge behandelt, wie etwa die letzten Sonaten Beethovens, die eine zentrale Rolle in den Vorträgen Wendell Kretzschmars einnehmen[6] und deren grundlegende Rolle für die Geschichte der im emphatischen Sinne „Neuen" Musik des 20. Jahrhunderts bekannt ist. Und so ist es denn auch nicht weiter verwunderlich, dass die Sekte Johann Conrad Beißels den Namen der „Wiedertäufer des Siebenten Tages" trägt.[7] Die Musik Beißels aber versetzt den Zuhörenden in paradiesische Gefilde:

> „Es sei ganz unbeschreiblich gewesen, mit nichts anderem auf dieser Welt nur zu vergleichen. Er habe doch, so seien des alten Kretzschmar Worte gegangen, in englischen, französischen und italienischen Opernhäusern gesessen; das aber sei Musik für das Ohr gewesen, die Beißels aber ein Klang tief in die Seele und nicht mehr noch minder als ein Vorgeschmack des Himmels."[8]

Der Verweise, Beziehungen und Parallelitäten sind viele. Sie sind ein Lieblingsgegenstand der Thomas-Mann-Forschung, zu der die Musikwissenschaft, nicht nur wegen der Musikliebe und -kennerschaft des Autors und seiner am Werk Richard Wagners geschulten Schreibtechnik, Entscheidendes beigetragen hat. Das Konstrukt der drei Zeitebenen – der Zeit, in der die Erzählung sich ereignet, die Zeit, in der sie niedergeschrieben wird und die Zeit, in der sie rezipiert wird – ist wiederholt im Roman selbst Gegen-

Abbildung 10: Zweite Seite (Ausschnitt) des Forschungstextes von M. Zywietz zu Thomas Manns „Doktor Faustus", Suchworte unterstrichen Y.W.

In diesen beiden Sätzen könnte also die These stecken.
Um das zu überprüfen:

3. Absätze nach Suchwort „schnell lesen"

Beim schnellen Lesen bewegen sich die Augen zwar eher von links nach rechts und von Wort(gruppe) zu Wort(gruppe). Aber wir überspringen Satzteile, sobald wir erkennen, dass sie unwichtig sind. In diesem Fall zum Beispiel zwei längere Zitate – denn: Eine These kann nie in einem Zitat stehen, sondern muss vom Autor selbst kommen.

Die größten Teile der beiden Absätze können wir also überspringen. Beim Rest denke ich mir ungefähr das:

Michael Zywietz: Zum Oratorium „Apocalipsis cum figuris" in „Doktor Faustus"　　　141

Weltkrieges. Wie wichtig Mann das Endzeithafte der Jahre nach dem Ersten Weltkrieg erschien, wird dadurch unzweifelhaft, dass er die Schilderung der _Apocalipsis cum figu-ris_ in Kapitel XXXIV mit den kulturkritischen Erörterungen im Kreis um Sixtus Kridwiß korrespondieren lässt. Mann betont ausdrücklich, „daß die Erschütterung und Zerstörung scheinbar gefestigter Lebenswerte durch den Krieg namentlich in den besiegten Ländern, die dadurch einen gewissen geistigen Vorsprung vor den anderen hatten, sehr lebhaft empfunden wurde. Es wurde sehr stark empfunden und objektiv festgestellt: der ungeheure Wertverlust, den durch das Kriegsgeschehen das Individuum als solches erlitten hatte, die Achtlosigkeit, mit der heutzutage das Leben über den Einzelnen hinwegschritt, und die sich denn auch als allgemeine Gleichgültigkeit gegen sein Leiden und Untergehen im Gemüte der Menschen niederschlug."[4]

（Hier wird nichts über das Oratorium behauptet (Behauptung = These), sondern über die „Jahre nach dem Ersten Weltkrieg". Danach suchst du aber nicht.）

Die ideelle Verbindung zum Oratorium besteht insbesondere in der Diagnose, dass diese politisch-historische Endzeit den Boden für eine heraufziehende Barbarei bereite. Denn schon im VIII. Kapitel, der Darstellung und Erörterung der Kretzschmar-Vorträge gewidmet, legt Adrian Leverkühn ein Bekenntnis ab, das den Widerspruch zwischen Kultur und Barbarei dialektisch aufzuheben scheint: „Die Barbarei ist das Gegenteil der Kultur doch nur innerhalb der Gedankenordnung, die diese uns an die Hand gibt. Außer dieser Gedankenordnung mag das Gegenteil ganz etwas anderes oder überhaupt kein Gegenteil sein."[5]

（Behauptung über die politisch-historische Endzeitstimmung nach dem Ersten Weltkrieg. Also auch nicht die gesuchte These über das Oratorium.）

Abbildung 11: Zweite Seite (Ausschnitt) des Forschungstextes von M. Zywietz zu Thomas Manns „Doktor Faustus", Abschnitte durchgestrichen (= übersprungen), Suchwort unterstrichen und am rechten Rand kommentiert

---

Also keine These hier. Trotzdem haben wir jetzt schon zwei von neun Seiten gelesen, und dürften damit schon jenseits der Einleitung sein (der Text hat keine Zwischenüberschriften, deswegen können wir das nur schätzen). Und wenn die These in der Einleitung nicht genannt wird, dann sollte sie im Schluss stehen. Den Schluss erkennen wir in diesem Text ziemlich leicht durch den einzigen Absatz, der im ganzen Text gemacht wird. Darauf konzentrieren wir uns jetzt:

4. Schluss „schnell lesen"

Was schnell lesen bedeutet, habe ich eben erklärt. In diesem Fall gibt es keine Zitate, aber wir können die zwei Nebensätze, eingepackt in Gedankenstriche, überspringen, denn die liefern nur Randinformationen. Ich denke mir beim Lesen ungefähr das:

Im Lichte dieser angeführten Aspekte – ~~die noch um viele weitere vermehrt werden könnten und müssten~~ – wäre Leverkühns Oratorium dann doch altmodischer, traditionsverhafteter etc., als es in der Intention des Komponisten gelegen haben mag. Hierin ganz seinem Dichter-Vater gleich, der – ~~nicht nur in seinen musikalischen Vorlieben~~ – der Geistes- und Ideenwelt des 19. Jahrhunderts zeitlebens verhaftet blieb. Oft will es scheinen, als hätte Mann zwar eifrig Adornos Ausführungen zu den „charakterisierenden, realisierenden Exaktheiten" gelauscht und selbige in seinen Roman sich einzuarbeiten bemüht gezeigt, aber die Substanz seiner Ideen- und Vorstellungswelt tangierten sie ganz offenbar nur sehr peripher. Ist dies für einen Roman, der sich einer neuen Musik und ihrer dichterischen Evozierung verschrieben hat von Nachteil?

Letztlich doch wohl nur für jene Leser, die sehr dogmatische Begriffe von dem haben, was denn wirklich Neue Musik im emphatischen Sinne sei und zu sein habe. Der künstlerische Rang dieses großen Musik-Romans wird hierdurch nicht infrage gestellt. Mit den Worten, mit denen Zeitblom das Oratorium charakterisieren zu können glaubt, ließe sich wohl auch eine Annäherung an die Janusköpfigkeit des *Doktor Faustus* wagen: er ist von „explodierender Altertümlichkeit".[32]

Wer ist der „Dichter-Vater"?

Scheinbar: Adorno (ein Musikphilosoph – das kannst du googeln)

Kann das die These – als Frage formuliert – sein? Wahrscheinlich nicht. Thesen als Fragen gibt es in der Regel nur am Textanfang.

Abbildung 12: Letzte Seite (Ausschnitt) des Forschungstextes von M. Zywietz zu Thomas Manns „Doktor Faustus", durchgestrichen, Suchwörter unterstrichen oder eingerahmt und am rechten Rand kommentiert

Immer noch keine These, obwohl wir jetzt am Ende des Textes angekommen sind. Irgendetwas in den Schlussabsätzen müsste aber darauf hinweisen. Also nochmal schnell lesen. Wer oder was kommt in diesem Absatz in Verbindung mit dem Oratorium besonders oft vor? Der „Dichter-Vater", dieser Herr „Adorno". Und irgendetwas hat es mit dessen Ausführungen zu „charakterisierenden, realisierenden Exaktheiten" auf sich. So kompliziert, wie das klingt, braucht das wohl eine längere Erklärung – vielleicht ja einen ganzen Forschungstext lang? „Adorno" und seine „Exaktheiten" könnten also gut und gerne etwas mit der These zu tun haben. Die sollten wir also zu unserem bisherigen Suchwort – dem Oratorium – hinzufügen.

5. *Dritte Seite nach Gegenstand und neuen Suchworten überfliegen*
   Wir machen auf der dritten Seite weiter, weil wir vorhin dort mit der Suche aufgehört hatten. Und wir überfliegen den Text auf der Suche nach einer Verbindung zwischen dem Oratorium, Adorno und den „charakterisierenden, realisierenden Exaktheiten". Das Resultat sehen wir in Abb. 13.
   Immer noch Fehlanzeige. Wie gesagt: Das ist ein super schweres Beispiel, bereitet dich aber auf den Fall des Falles vor. Und tatsächlich hättest du bisher nicht länger als fünf Minuten mit Lesen verbracht. Im normalen, linearen Lesemodus wärst du wahrscheinlich noch auf der ersten Seite.

6. *Vierte Seite nach Gegenstand und neuen Suchwörtern überfliegen*
   Derselbe Prozess wie eben (Abb. 14).

~~stand expliziter Erörterungen.~~ So auch die offenen und verdeckten Parallelen zwischen den Ereignissen der Zeitgeschichte und der persönlichen Geschichte. Der besondere Rang der *Apocalipsis cum figuris* als „Hauptwerk" Leverkühns und zentraler Punkt des Romans wird auch dadurch unterstrichen, dass das merkwürdig dreigeteilte Kapitel XXXIV, ~~in welchem das Oratorium den Gegenstand bildet,~~ das umfänglichste des gesamten Romans ~~und wohl auch der formalen Anlage nach das kunstvollste~~ ist. Der im biblischen Gegenstand angelegte Bezug zu und Rückverweis auf Leverkühns Studium der Theologie ist so evident, dass er kaum einer ausdrücklichen Erwähnung bedarf. Und so lässt Mann denn auch den Helden seines Romans sagen: ~~„Das theologische Virus bringt man, scheint's, nicht so leicht aus dem Blut. Unversehens gibt es ein stürmisches Rezidiv"9~~ Und dem Theologen von Profession mag denn auch die Erörterung und Kommentierung der weitverzweigten Anspielungen und Bezüge überlassen sein, ~~von denen nur die Visionen der Mechthild von Magdeburg und der Hildegard von Bingen sowie die Schriften des Beda Venerabilis und die ganzen vor- und frühchristlichen Eschatologien genannt seien.~~ Die zahllosen Quellen, aus denen der Dichter den Text des Oratoriums genährt wissen möchte, bleiben den Theologen zur fruchtbaren Interpretation überlassen. Gleiches gilt für den kunstgeschichtlichen Bezug auf Dürer; ~~auch hierzu mögen Berufenere als der Verfasser der vorliegenden Zeilen beitragen. Der mit den Schmerzen~~ der kleinen Seejungfrau ringende Leverkühn stellt selbst den direkten Bezug zur Apokalypse her. ~~In einer Zeit quälender Schaffensunfähigkeit und großen körperlichen~~ Leides bedient er sich eines ~~Vergleiches~~ mit „Johanni Martyr im Ölkessel":

> „Ich hocke als frommer Dulder im Schaff, ~~unter dem ein lustiges Holzfeuer prasselt,~~ gewissenhaft angefacht von einem Braven mit dem Hand-Blasebalg; und vor den Augen ~~kaiserliche Majestät,~~ die sich die Sache ganz aus der Nähe ansieht – es ist der Kaiser Nero, mußt du wissen, ein prächtiger ~~Gesell mit~~ einem italienischen Brokat im Rücken, – gießt mir der Henkersknecht mit Schamtasche und Flatterjacke aus einer gestielten ~~Schöpfkelle~~ das siedende Öl, worin ich andächtig sitze, über den Nacken. [...] ~~Das Männchen Herrn Neros ist auch mitgekommen, damit~~ kein Fleckchen leer ist. Es hat ein zorniges Pinscher-Mien~~chen. Im Hintergrund sieht man die Türme, Spitzdercker und Giebel von Kaisersaschern... Na~~türlich hätte er ~~sagen sollen: von Nürnberg. Denn was er beschrieb, mit derselben vertrauten Sichtbarkeit~~ beschrieb, wie den ~~Übergang des Nixenleibes in den Fischschwanz, so daß ich es erkannt hatte, lange bevor er mit seiner Beschreibung~~ zu Ende gekommen war, es war das erste Blatt der Dürer'schen Holzschnitt-Serie zur Apokalypse."10

Dies ist ebenso ein Stück schöpferischen Historismus, ~~das Alte im Neuen und Neu-Alte bildet ja ein Hauptthema des Romans,~~ wie ein pars pro toto stehendes Beispiel für die den Roman ~~manchmal in nicht ganz glücklicher Art und Weise~~ dominierende Montage-Technik Manns, ~~die allen empfangenen Einflüssen freimütig Einlass in das Werk gewährt.~~ Vor allem aber werden so, die Bilderfolge Dürers zum Ausgangspunkt nehmend und durch sie hindurch eine weitere semantische Dimension eröffnend, Aspekte des künstlerischen Schaffensprozesses im Bilde erneut variierend thematisiert. Denn der deutsche Komponist Leverkühn, ~~und mit ihm die Künstlerexistenz an und für sich,~~ gilt Mann ja als das „Paradigma aller Schicksals-Gestaltung"11 schlechthin. Was es mit dem <u>Titel des Oratoriums auf</u> sich hat, wird späterhin erneut mit einem Verweis auf die Bilderfolge Dürers verdeutlicht.

Abbildung 13: Dritte Seite (Ausschnitt) des Forschungstextes von M. Zywietz zu Thomas Manns „Doktor Faustus", Abschnitte durchgestrichen, Suchwort unterstrichen und am rechten Rand kommentiert

---

Marginal comments (right margin):

Was Thomas Mann seine Charaktere sagen lässt, interessiert uns immer noch nicht.

Theologen sind wir nicht, also auch unwichtig.

Wir sind auch keine Kunsthistoriker: danke, nein ;-)

Das Oratorium hat also irgendwas mit Dürer (einem Maler) zu tun.

„Der Titel ‚Apocalipsis cum figuris' ist eine Huldigung an Dürer und will wohl auch das Visuell-Verwirklichende, dazu das Graphisch-Minutiöse, die dichte Gefülltheit des Raumes mit phantastisch-exakter Einzelheit betonen, die beiden Werken gemeinsam sind. Aber es fehlt viel, daß Adrians ungeheures Fresko den fünfzehn Illustrationen des Nürnbergers programmatisch folgte."[12]

Erfülltheit, Dichte und stringente Konsistenz des musikalischen Satzes – eben Dinge, aus denen das Vermeiden von Leerstellen zwangsläufig resultiert – sind aber Kategorien, die, in den Augen Adornos und denen des von ihm beratenen Mann, allein eine wahrhaft neue Musik ermöglichen konnten und sollten. Das dogmatisch Enge dieser Auffassungen, der aus ihnen abgeleitete geschichtliche Alleinvertretungsanspruch einer bestimmten kompositorischen Richtung, wirkt bis heute nach, auch wenn er durch die historische evidente Vielfalt der Entwicklung längst relativiert wurde. Zugleich enthält der zitierte Passus aber auch den wichtigen Verweis auf die für den postulierten Kunstanspruch des – vermeintlich – wahrhaft und allein Neuen in der Musik konstitutiven Aspekt der Geschichtstiefe des musikalischen Materials, jenseits eines simplen und falsch verstandenen Historismus. Die ebenfalls zutage tretende Distanz zur Programm-musik („Aber es fehlt viel, daß Adrians ungeheures Fresko den fünfzehn Illustrationen des Nürnbergers programmatisch folgte") vor allem neudeutscher Prägung und zur il-lustrativen Musik, verrät einen wohl bewusst inszenierten, aber doch nur vordergründig bleibenden, antiromantischen Affekt.

Was Thomas Mann Theodor W. Adorno an Kunsterfahrung und -verständnis, auch und gerade im Hinblick auf die Musik des 20. Jahrhunderts und insbesondere für den *Doktor Faustus*, verdankt, ist kaum zu überschätzen.[13] Die offen eingestandenen und dem nur einigermaßen Versierten evidenten Bezugnahmen auf Adornos *Philosophie der neuen Musik* lassen ganze Passagen des *Doktor Faustus* als Paraphrase des Adorno'schen Opus erscheinen, von gedanklichen Anleihen und Lizenzen ganz abgesehen.[14] Es fällt schwer an einen Zufall zu glauben, wenn Mann genau in dem Moment Adorno um sei-ne aktive Mitarbeit bittet, in dem der Roman bis zu jener Stelle gediehen ist, an der das Apokalypse-Oratorium auf den Plan tritt. Hierin darf mit einigem Recht eine Art von Eingeständnis gesehen werden, ohne die Hilfe Adornos dem imaginären „Hauptwerk" – wobei das dem Wesen und Begriff des Werkes innewohnende Pathos und der Kunst-werkcharakter im emphatischen Sinne mitzudenken ist – ansonsten die gesuchte und erstrebte avantgardistische Kühnheit und grundstürzende Neuheit schuldig bleiben zu müssen. In einem Brief vom 30. Dezember 1945 an Adorno schreibt Mann:

„Der Roman ist so weit vorgetrieben, dass Leverkühn, 35jährig, unter einer ersten Welle euphorischer Inspiration, sein Hauptwerk, oder erstes Hauptwerk, die *Apocalipsis cum figuris* nach den 15 Blättern von Dürer oder auch direkt nach dem Text der Offenbarung in unheimlich kurzer Zeit komponiert. Hier will ein Werk (das ich mir als ein sehr deutsches Produkt, als Oratorium mit Orchester, Chören, Soli, einem Erzähler denke) mit einiger Suggestiv-Kraft imaginiert, realisiert, gekennzeichnet sein, und ich schreibe diesen Brief eigentlich, um bei der Sache zu bleiben, an die ich mich noch nicht herantraue. Was ich brauche, sind ein paar charakterisierende, realisierende Exaktheiten (man kommt mit wenigen aus), die dem Leser ein plausibles, ja überzeugendes Bild geben. [...] Mir schwebt etwas Satanisch-Religiöses,

Abbildung 14: Vierte Seite (Ausschnitt) des Forschungstextes von M. Zywietz zu Thomas Manns „Doktor Faustus", Suchwörter unterstrichen

Das sieht vielversprechend aus: massig Suchwörter im unteren Absatz. Den sollten wir genauer lesen.

Was Thomas Mann Theodor W. Adorno an Kunsterfahrung und -verständnis, auch und gerade im Hinblick auf die Musik des 20. Jahrhunderts und insbesondere für den *Doktor Faustus*, verdankt, ist kaum zu überschätzen.[13] Die offen eingestandenen und dem nur einigermaßen Versierten evidenten Bezugnahmen auf Adornos *Philosophie der neuen Musik* lassen ganze Passagen des *Doktor Faustus* als Paraphrase des Adorno'schen Opus erscheinen, von gedanklichen Anleihen und Lizenzen ganz abgesehen.[14] Es fällt schwer an einen Zufall zu glauben, wenn Mann genau in dem Moment Adorno um seine aktive Mitarbeit bittet, in dem der Roman bis zu jener Stelle gediehen ist, an der das Apokalypse-Oratorium auf den Plan tritt. Hierin darf mit einigem Recht eine Art von Eingeständnis gesehen werden, ohne die Hilfe Adornos dem imaginären „Hauptwerk" ~~wobei das dem Wesen und Begriff des Werkes innewohnende Pathos und der Kunstwerkcharakter im emphatischen Sinne mitzudenken ist~~ – ansonsten die gesuchte und erstrebte avantgardistische Kühnheit und grundstürzende Neuheit schuldig bleiben zu müssen. In einem Brief vom 30. Dezember 1945 an Adorno schreibt Mann:

> „Der Roman ist so weit vorgetrieben, dass Leverkühn, 35jährig, unter einer ersten Welle euphorischer Inspiration, sein Hauptwerk, oder erstes Hauptwerk, die *Apocalipsis cum figuris* nach den 15 Blättern von Dürer oder auch direkt nach dem Text der Offenbarung in unheimlich kurzer Zeit komponiert. Hier will ein Werk [das ich mir als ein sehr deutsches Produkt, als Oratorium, mit Orchester, Chören, Soli, einem Erzähler denke] mit einiger Suggestiv-Kraft imaginiert, realisiert, gekennzeichnet sein, und ich schreibe diesen Brief eigentlich, um bei der Sache zu bleiben, an die ich mich noch nicht herantraue. Was ich brauche, sind ein paar charakterisierende, realisierende Exaktheiten [man kommt mit wenigen aus], die dem Leser ein plausibles, ja überzeugendes Bild geben. [...] Mir schwebt etwas Satanisch-Religiöses,

Der ganze Absatz sagt eigentlich nur: Thomas Mann hat beim Schreiben des Oratoriums (im Roman) Hilfe erhalten durch (a) Adornos musikphilosophische Schriften und (b) Adorno selbst (per Briefwechsel).

Hier kommen zwar viele Suchbegriffe vor, aber das Zitat stammt ja wieder von Mann selbst. Hier kann die These des Autors also nicht drinstecken.

Abbildung 15: Vierte Seite (7. Absatz) des Forschungstextes von M. Zywietz zu Thomas Manns „Doktor Faustus", durchgestrichen, Suchwörter unterstrichen und am rechten Rand kommentiert

7. Absatz „schnell" lesen

Aus diesem Absatz könnten wir vermuten, dass die These ungefähr so etwas sagt wie: *Thomas Mann hat beim Schreiben des Oratoriums im „Doktor Faustus" persönliche und ideelle Hilfe von Adorno erhalten.* Da eine These eine Behauptung ist und der Forschungstext dazu dient, die Behauptung zu belegen, kann das aber noch nicht alles sein. Durch das Zitat am Ende des Absatzes wäre die These nämlich schon einwandfrei belegt und der Text könnte hier zu Ende sein. Tatsächlich umfasst der Text aber noch sechs weitere Seiten. Wir müssen also immer noch weitersuchen, sind aber scheinbar ganz nah an der These dran – und immer noch deutlich unter zehn Minuten Lesezeit.

8. Fünfte Seite nach Suchworten überfliegen

Auf der fünften Seite (ohne Abb.) finden wir zweimal „Adorno" und einmal die „Exaktheiten". Die Seite scheint wieder sehr wichtig zu sein, also:

9. Fünfte Seite komplett „schnell lesen"

Dabei denke ich mir Folgendes:

144   *Michael Zywietz: Zum Oratorium „Apocalipsis cum figuris" in „Doktor Faustus"*

Dämonisch-Frommes, zugleich Streng-Gebundenes und verbrecherisch Wirkendes, oft die Kunst Verhöhnendes vor, auch etwas aufs Primitiv-Elementare Zurückgehendes (die Kretzschmar-Beissel-Erinnerung), die Takt-Einteilung, ja die Tonordnung Aufgebendes (Posaunen-Glissandi); ferner etwas praktisch kaum Exekutierbares: alte Kirchentonarten, A Capella-Chöre, die in untemperierter Stimmung gesungen werden müssen, sodass kaum ein Ton oder Intervall auf dem Klavier überhaupt vorkommt etc. Aber ‚etc.' ist leicht gesagt."[15]

Ohne bei der Frage zu verweilen, ob es Mann denn im Roman gelungen ist, Musik zu beschreiben und – weitaus entscheidender – ein nicht existierendes Werk überzeugend zu evozieren (dies liegt ohnehin zu sehr im Auge des Betrachters und ist auch in höchstem Maße eine Frage musikalischer Bildung, um hier erörtert werden zu können), bleibt das Hauptproblem des Autors die beschreibende Vergegenwärtigung von Musik, gerade hierbei erhoffte er sich Hilfe vom Fachmann. Da Adorno die gewünschte Hilfestellung späterhin in Gesprächen gab,[16] fehlt, anders als bei anderen im Roman angeführten Werken Leverkühns, jede Handhabe zur Nachvollziehbarkeit. Beschreibende Vergegenwärtigung von Musik ist jedoch das zentrale Problem, mit dem sich nicht nur der Autor des *Doktor Faustus* während der ganzen Arbeit an seinem Roman konfrontiert sah – vermutlich ist gerade dies das entscheidende Merkmal für das Wesen des Romans als musikalischer, und eben nicht nur von Musik handelndem Roman –, sondern mit dem sich jede technisch-deskriptive Analyse von Musik, wie sie vor allem von Musiktheoretikern betrieben wird, konfrontiert sieht. Doch nimmt technische Analyse nahezu stets ihre Zuflucht zum Abdruck von Notenbeispielen – was Mann ausdrücklich im Roman vermieden wissen wollte –, um gleichermaßen doch wieder die Musik selbst sprechen zu lassen. Hierin ein Eingeständnis der Unzulänglichkeit der eigenen Sprache gegenüber dem Gegenstand zu sehen, ist gewiss keine abwegige Vermutung. Und gerade deshalb wurde technische Analyse von Mann – losgelöst, von der Frage wessen Werke denn abgedruckt hätten werden sollen und können – auch vermieden. Hierin hätte er wohl das Eingeständnis der Grenzen der Sprache an sich wie auch der eigenen sprachlichen Möglichkeiten gesehen: eine Kapitulation der Sprache des Dichters vor der Sprache der Musik und schon deshalb für Mann unmöglich und auszuschließen. Idealiter sollte doch auch die sprachliche Beschreibung in Analysen die optische Vergegenwärtigung im Notenbild gerade überflüssig machen. Umso mehr ist zu bewundern und nicht das geringste Verdienst des Romans, wie Mann ein Bild des imaginierten Werkes entstehen zu lassen vermag. Worum aber handelt es sich bei den genannten „charakterisierenden, realisierenden Exaktheiten"? Einige Beispiele mögen der erläuternden Präzisierung dienen und zugleich die Tiefendimension der Zusammenarbeit Adorno-Mann, wie aber auch – unnötig zu betonen – die Kennerschaft Manns an sich belegen.

„Hauptproblem" sagt uns: Das ist für den Forschungstext wichtig. Und dieses Wichtige hat mit der „Vergegenwärtigung von Musik" zu tun...

...und Adorno hat dabei geholfen... und das „zentrale Problem" sagt uns nochmal, dass es wichtig ist.

Aha...mit dem Problem der Vergegenwärtigung ist gemeint: Mann wollte das Oratorium nur durch sprachliche Beschreibung und ohne Abdruck von Noten im Roman zum Leben erwecken.

Das ist ihm, laut Zywietz, auch gelungen...

Und unterstrichelt steht hier: die These.

Abbildung 16: Fünfte Seite des Forschungstextes von M. Zywietz zu Thomas Manns „Doktor Faustus", unterstrichen (These gestrichelt!) und am rechten Rand kommentiert

In diesem Text ist die These also nicht nur weit, weit in der Mitte des Textes versteckt (auf der fünften Seite), sondern auch noch als Frage formuliert – und deshalb wirklich schwer zu erkennen. Wenn wir aber die unterstrichelte Frage in einen Aussagesatz umwandeln und dabei die Infos bedenken, die wir auf dieser Seite erhalten haben (die anderen Unterstreichungen), erhalten wir so etwas wie:

Der Forschungstext behauptet, dass es im Roman bestimmte sprachliche Elemente gibt, die das Oratorium besonders gut zum Leben erwecken (die Elemente nennt Mann selbst „charakterisierende, realisierende Exaktheiten").

Wenn wir nun noch die zweite hell unterstrichene Information mit einbeziehen („Zusammenarbeit Adorno–Mann"), können wir noch anfügen:

Der Text behauptet außerdem, dass diese sprachlichen Elemente durch eine Zusammenarbeit bzw. einen Ideenaustausch zwischen Adorno und Mann zustande gekommen sind.

Damit haben wir endlich unsere These gefunden. Und obwohl die Erklärung nun etwas länger war, sollte auch dieser Fall in der Praxis mit etwas Übung nicht mehr als 20 Minuten in Anspruch nehmen. Und danach ist der Text wirklich komplett und für immer bearbeitet.

Bleibt nur noch:

10. These notieren

Wir notieren so etwas wie:

Michael Zywietz behauptet in seinem Text XY, dass Thomas Mann sein Oratorium „Apocalipsis cum figuris" durch bestimmte sprachliche Mittel zum Leben erweckt hat und dass diese sprachlichen Mittel durch Manns Ideenaustausch mit Theodor Adorno beeinflusst wurden.

In Klammern dahinter brauchen wir dann nur noch eine Literaturangabe. Was wir dort hinschreiben ist egal, solange wir aus der Angabe auch in ein paar Tagen noch herauslesen können, auf welchen Text sich die Notiz bezieht. Um die formale Richtigkeit der Literaturangaben kümmern wir uns nämlich erst in Schritt 11. Weil wir dort ein Literaturverwaltungsprogramm nutzen werden, ist es am einfachsten, hier vier Merkmale einzufügen:

1. Name des Autors
2. Abkürzung des Titels
3. Link zum Text in JSTOR bzw. Google bzw. Bibliothekskatalog
4. Seite, auf der die These steht

In diesem Fall notieren wir also:

(Michael Zywietz, Geheul, http://www.jstor.org/stable/41126500, S. 144)

In Schritt 12 werde ich dir zeigen, wie du deine komplette Literaturverwaltung für die Arbeit durch das Programm Zotero automatisierst. Zotero ist kostenlos, funktioniert aber nicht mit Microsoft Office. Wenn du deine Literaturverwaltung trotzdem automatisieren möchtest, schreibe bitte jetzt schon alles in Open Office. Das kannst du unter www.openoffice.org/download herunterladen (ebenfalls kostenfrei).

Wozu dann noch Argumente finden?

Nun kennen wir die These dieses Forschungstextes. Um in einer wissenschaftlichen Arbeit aber eine Eins zu erzielen, musst du auch zeigen, dass du weißt, warum der Autor des Textes diese These aufstellt, was also seine Gründe oder Argumente dafür sind. Nur dann kannst du nämlich später diese Argumente bestärken oder selbst dagegen argumentieren.

Damit das aber nicht zu viel Arbeit verursacht, beschränken wir uns darauf, maximal drei Argumente zu finden. Wenn im Texte deutlich mehr als drei Argumente vorkommen, nehmen wir die zwei bis drei, die uns persönlich am wichtigsten erscheinen.

Wie du Argumente findest

Grundsätzlich beginnt die Kette von Argumenten in einem Forschungstext, sobald die These aufgestellt wurde. Danach wird entweder ein Argument pro Absatz präsentiert oder der Autor entfaltet ein Argument über mehrere Absätze. Dass in einem Absatz mehrere Argumente vorkommen, ist unwahrscheinlich. Absätze sind also die Orientierungspunkte.

Beispiel: Argument 1 im Forschungstext zu „Doktor Faustus"

In diesem Fall enthielt die Textstelle, an der wir die These gefunden haben, auch gleich einen Hinweis auf die Art von Argumenten, mit denen wir es hier zu tun haben:

zu lassen vermag. Worum aber handelt es sich bei den genannten „charakterisierenden, realisierenden Exaktheiten"? Einige Beispiele mögen der erläuternden Präzisierung dienen und zugleich die Tiefendimension der Zusammenarbeit Adorno-Mann, wie aber auch – unnötig zu betonen – die Kennerschaft Manns an sich belegen.

Abbildung 17: Fünfte Seite (Ausschnitt) des Forschungstextes von M. Zywietz zu Thomas Manns „Doktor Faustus", nochmal die These, Anderes unterstrichen

Es geht um „Beispiele", mit denen der Autor zu belegen versucht, dass Mann bei seinem Roman tatsächlich von Adorno beeinflusst wurde (= These). Damit wissen wir gleichzeitig auch, dass das erste Argument ziemlich bald folgen wird. Wir brauchen den Text also nicht erst nach Suchwörtern überfliegen, sondern können gleich den nächsten Absatz schnell lesen. Dabei orientieren wir uns an den Signalwörtern (unterstrichen), die das Argument wie in Abb. 18 strukturieren:

Der erste Absatz liefert uns schon das ganze erste Argument. Beim Zusammenfassen hilft uns der letzte unterstrichene Satz im ersten Absatz. Dieser sagt: So wie Mann sein Oratorium im Roman beschreibt, hat es gleichzeitig neue und alte („historische") Elemente. Genauer (dazu greifen wir auf die Punkte 1 bis 4 am rechten Rand zurück):

Nach Michael Zywietz beschreibt Mann das Oratorium so, dass es einen Bezug zu einer sehr alten musikalischen Form (der Fuge) aufweist und gleichzeitig etwas von den neuen Elementen der Musik Arnold Schönbergs hat.

Das ist gleichzeitig das Argument 1. Da so eine wissenschaftliche Arbeit auch ein paar wörtliche Zitate haben sollte und wir hier im letzten Satz des Absatzes eine besonders ausgefallene Formulierung haben, könnten wir unsere Notiz so erweitern:

Nach Zywietz dient diese Art der Beschreibung dazu, „den Rang des Neuen zu hinterfragen und ihm zugleich historische Dignität zu verleihen". (Zywietz, Geheul, S. 145)

Damit haben wir – nach fünf Minuten – unser erstes Argument gefunden und so notiert, dass wir es später in unserer wissenschaftlichen Arbeit platzieren können, ohne noch einmal im Text nachlesen oder suchen zu müssen (deswegen ist es auch wichtig, die Seitenzahl zu notieren).

„[...] die harte Chorfuge zu den Worten des Jeremias: ‚Wie murren denn die Leute im Leben also?' [...] Ich nenne das Stücke eine Fuge, und fugal mutet es an, doch ohne daß ehrsam das Thema wiederholt würde, sondern mit der Entwick-lung des Ganzen wird dieses selber entwickelt, so daß ein Stil aufgelöst und gewissermaßen ad absurdum geführt wird, dem der Künstler sich zu unterwerfen scheint, – was nicht ohne Zurückdeutung auf die archaische Fugenform gewisser Canzonen und Ricercaten der vor-Bach'schen Zeit geschieht, in denen das Fugenthema nicht immer eindeutig definiert und festgehalten ist."[17]

Zunächst ist der Bezug auf eine Gattungstradition zu nennen, die jedoch, ~~und dies hat das imaginäre Werk Leverkühns mit den Gipfelwerken in sämtlichen musikalischen Gattungen gemein~~, durch das neue Werk eben neu definiert wird. Jedes gelungene Werk transzendiert die Geschichte der Gattung, der es angehört und definiert sie auf diese Art und Weise neu. Aber, ~~und dies ist das Entscheidende~~, in Anerkenntnis und Be-wusstheit eben jener Geschichte, die es sodann neu schreibt. Weiterhin das dynamische Element in der formalen Entwicklung, ein Hauptwesensmerkmal des musikalischen Expressionismus, dem Arnold Schönberg – für Adorno nachgerade das Maß aller Dinge in Sachen neuer Musik und zudem ein weiterer Berater von Thomas Mann in Sachen Doktor Faustus – sich zeitlebens verpflichtet zeigt. Aber auch der hierin zum Ausdruck kommende, nicht von dogmatischen Zügen freie Glaube an den Supremat von Technik und Prinzip der entwickelnden Variation, wie sie Schönberg historisch immer wieder für sich reklamiert und erläutert hat. Unter anderem im direkten schriftstellerischen und analytischen Rekurs auf das historische Vorbild von Johannes Brahms. Dass dann das Unerhört-Neue auch noch Ähnlichkeiten mit den Frühformen der jeweiligen Gat-tungen aufweist – im Falle der Fuge eben mit Ricercar und Canzone – ist eine dialek-tische Volte ersten Ranges; sie ist dazu angetan, den Rang des Neuen zu hinterfragen und ihm zugleich historische Dignität zu verleihen.

Den Schluss des – dies ist stets zu ergänzen – imaginären Oratoriums beschreibt Mann / Zeitblom als „weit entfernt von romantischer Erlösungsmusik" und „den the-ologisch negativen und gnadenlosen Charakter des Ganzen so unerbittlich" bestäti-gend.[18] War die Erlösung durch Liebe ein Hauptanliegen romantischer Musikauffassung und insbesondere im Werk Wagners das – hier ist denn der Begriff einmal mit voller Berechtigung zu gebrauchen und wahrlich am Platze – Leitmotiv schlechthin, so ist mit dem Verzicht auf derartiges Pathos der Erlösung die Absage an die doch zum Zeitpunkt der Entstehung des Romans in mehr als einer Hinsicht fortdauernde (Spät-)Romantik evident.

Dass diese Absicht auch durch den Rückgriff auf die Kunst der Zeit vor Bach realisiert wird, zeigt sich an mehreren Stellen. So hört Leverkühn bei einem Musikfest in Basel Werke von Buxtehude, Carissimi, Frescobaldi und Monteverdi. „Der Eindruck dieser ‚Musica riservata' auf Leverkühn, einer Affektmusik, als Rückschlag auf den Kon-struktivismus der Niederländer das Bibelwort mit erstaunlicher menschlicher Freiheit, deklamatorischer Ausdruckskühnheit behandelte und es mit einer rücksichtslos schil-dernden instrumentalen Gestik umkleidete, – dieser Eindruck war sehr stark und nach-haltig."[19] In der Folge exzerpierte Leverkühn u. a. die Psalmen Davids von Heinrich

---

Hier ein Zitat: Mindestens der nächste Abschnitt wird sich also damit beschäftigen.

Alle Wörter, die unterstrichelt sind, strukturieren das Argument. In dem Zitat sind also drei Aspekte wichtig: 1. Mann verknüpft das Oratorium mit einer bestimmten „Gattungstradition" (der Fuge)

2. Das Oratorium ist aber auch anders als eine Fuge, weil immer wieder neue Elemente auftauchen (die „Entwicklung")

3. Wieder „Schönberg": also ungefähr Punkt 2.

4. Obwohl das Oratorium sich von einer Fuge unterscheidet (Punkt 2), nimmt Mann auch Bezug auf die „Frühformen" der Fuge.

Das hier ist so etwas wie die Zusammenfassung des Arguments.

„Schluss [...] des Oratoriums" sagt uns, dass Zywietz sich schon hier auf eine andere Textstelle im Roman bezieht (auch zu sehen durch die Fußnote 18 am Ende des Satzes). Hier beginnt also ein neues Argument.

„[D]iese Absicht" meint diejenige, die im Absatz zuvor erklärt wurde. Dieser Absatz hier führt also das Argument aus dem vorigen fort.

Abbildung 18: Sechste Seite (Ausschnitt) des Forschungstextes von M. Zywietz zu Thomas Manns „Doktor Faustus", durchgestrichen, unterstrichen und am rechten Rand kommentiert

Um das zweite (und je nach Bedarf auch noch das dritte) Argument zu finden, würdest du nun einfach im nächsten Absatz weiterlesen. Der Prozess ist wieder der-selbe und deshalb gehe ich das jetzt hier nicht noch einmal im Einzelnen durch.

Argument passt nicht zu These?

So weit, so gut. Aber ist es nicht seltsam, dass dieses Argument eigentlich gar nichts mit dem Einfluss Adornos auf Mann zu tun hat? Adorno kommt in dem Argument doch gar nicht vor! Ja, das stimmt, und deshalb hatte ich vorhin ja auch gesagt, dass es sich hier um ein wirklich schwieriges Beispiel handelt, was die These angeht (alle realen Fälle werden höchstwahrscheinlich viel leichter für dich sein). Schauen wir noch einmal auf die These zurück – denn irgendwie muss das Argument ja Sinn ma-chen. Wir hatten notiert:

Michael Zywietz behauptet in seinem Text XY, dass Thomas Mann sein Oratorium „Apocalipsis cum figuris" durch bestimmte sprachliche Mittel zum Leben erweckt hat und dass diese sprachlichen Mittel durch Manns Ideenaustausch mit Theodor Adorno beeinflusst wurden.

Die Textstelle dazu sah so aus:

> realisierenden Exaktheiten"? Einige Beispiele mögen der erläuternden Präzisierung dienen und zugleich die Tiefendimension der Zusammenarbeit Adorno-Mann, <u>wie aber</u> <u>auch – unnötig zu betonen – die Kennerschaft Manns an sich</u> belegen.

Abbildung 19: Fünfte Seite (Ausschnitt) des Forschungstextes von M. Zywietz zu Thomas Manns „Doktor Faustus", These zum dritten Mal, wieder Anderes unterstrichen

Vor dem Hintergrund des Arguments fällt uns jetzt auf: Es geht in der These nicht nur um die „Zusammenarbeit Adorno–Mann", sondern auch um die „Kennerschaft Manns". Anfangs dachte ich, das bedeutet „Manns Kenntnis über Adorno", und weil dort auch noch steht „unnötig zu betonen", nahm ich an, es sei nicht wichtig. Argument 1 zeigt aber, dass „Kennerschaft Manns" so etwas wie „Manns Kenntnis von Musik, musikalischen Formen, Traditionen" bedeuten muss. In diesem (sehr seltenen) Fall müssen wir also unsere These noch einmal ergänzen:

Michael Zywietz behauptet in seinem Text XY, dass Thomas Mann sein Oratorium „Apocalipsis cum figuris" durch bestimmte sprachliche Mittel zum Leben erweckt hat und dass diese sprachlichen Mittel durch Manns Ideenaustausch mit Theodor Adorno **sowie durch seine gute Kenntnis musikalischer Formen und Traditionen** *beeinflusst wurden.*

Und damit passt nun auch das Argument zur These.

Damit haben wir – in ca. 25 Minuten – These und Argument 1 eines Forschungstextes gefunden und verlustsicher notiert. Und nochmal: Ja, das war wirklich kompliziert. Aber ich möchte dir insbesondere über die schwierigen Fälle hinweg helfen, anstatt dich – wie viele andere Ratgeber – damit alleine zu lassen.

Dauer Schritt 2:
0:30h (Thema finden) + **3:30h** (7 Forschungstexte analysieren à 30 Minuten)

Schritt 3: Interesse und Informationen des Dozenten sichern

Warum Interesse sichern?

Bevor du beginnst nach Theorien und Methoden zu suchen, solltest du deinen Professor dazu befragen. Denn der hat womöglich ganz eigene Vorstellungen davon, welche der vielen Theorien und Methoden er denn nun in „seiner" wissenschaftlichen Arbeit behandelt sehen möchte. Zu recherchieren, ohne ihn zu fragen, wäre risikoreich und potenziell Zeitverschwendung.

Warum ich „seine" wissenschaftliche Arbeit sage? Nun, das ist einer der wichtigsten, aber oft vergessenen Fakten beim Schreiben einer wissenschaftlichen Arbeit. Du schreibst eine wissenschaftliche Arbeit nicht für dich selbst oder für einen Haufen interessierter Leser, sondern in erster Linie nur für eine einzige Person: deinen Professor. Er ist derjenige, der die Arbeit später lesen wird, und er ist auch derjenige, der über die Note der Arbeit (also über deinen Erfolg) entscheiden wird.

Das mag berechnend klingen und wenig mit der „Faszination Wissenschaft" zu tun haben. Mit Blick auf deine Note für eine wissenschaftliche Arbeit wird diese Sichtweise dir aber die besten Ergebnisse bringen. Denn wenn du dich auf die Wünsche und Anforderungen deines Professors konzentrierst, weißt du gleichzeitig, dass du in der Pflicht bist. Dass du etwas produzieren sollst, das sein Interesse weckt und ihm beim Lesen mehr Vergnügen als Mühe bereitet.

Und das ist glücklicherweise auch gar nicht schwer. Dazu musst du nicht viel mehr schaffen, als das Interesse deines Professors zu wecken und dafür zu sorgen, dass sich dieses einmal geweckte Interesse auf den 15 oder mehr Seiten deiner wissenschaftlichen Arbeit nicht wieder in Luft auflöst.

Um Interesse zu wecken, musst du zunächst nichts weiter tun, als ein einigermaßen informiertes Gespräch mit deinem Professor über deine Arbeit zu führen. Du bietest ihm so die Gelegenheit seine Faszination am und sein Wissen über das Thema anzuwenden und mit dir zu teilen.

Zur Sprechstunde mit deinem Professor solltest du mitbringen:
1. dein Material, das du bereits einmal gelesen haben solltest,
2. deine Notizen zu den Forschungstexten (müssen nicht alle Notizen sein),
3. die Titel der sieben Texte sowie deren Thesen.

Wichtig ist, dass die Inhalte aus Material und Forschungstexten nicht nur vor dir auf dem Blatt stehen, sondern du sie ganz grob im Kopf hast, damit auch wirklich ein Gespräch zwischen deinem Professor und dir über die wissenschaftliche Arbeit in Gang kommen kann. Wenn du Schritt 1 und 2 mit mir vollzogen hast, ist das aber sowieso der Fall.

Theoretisch reicht das. Noch besser ist es aber, wenn du eine Mini-Geschichte über deine persönliche Motivation für deine Beschäftigung mit dem von dir gewählten Thema erzählen kannst. Professoren sind nämlich nicht nur Fachgenies, sondern auch Menschen. Und ein Mensch ist in der Regel neugierig zu erfahren, was den anderen dazu antreibt, sich mit einem Thema auseinanderzusetzen – was er interessant findet oder auf welchen Erfahrungen dieses Interesse basiert.

Und ich sage bewusst „Mini-Geschichte", weil es nicht darum geht, dem Professor mitzuteilen, dass du Statistiken über das Bruttoinlandsprodukt „spannend" oder „interessant" findest. Das ist viel zu floskelhaft und macht deine Motivation nicht plausibel. Du sollst also versuchen, das Thema in irgendeiner Weise mit deiner Lebenswelt oder sogar deiner Lebensgeschichte in Verbindung zu bringen.

Zum Beispiel habe ich mich in meiner Bachelorarbeit mit den Lebensläufen einiger deutscher Konzernchefs auseinandergesetzt und die Frage bearbeitet, ob beim Erreichen dieser Positionen Bildungsabschlüsse oder die soziale Herkunft eine größere Rolle gespielt haben. Im Gespräch mit meinem Professor habe ich dann so etwas gesagt wie: „Die Statistiken zum Karriereverlauf der Konzernchefs interessieren mich, weil ich selbst aus einer Arbeiterfamilie stamme und der Erste bin, der eine Uni besuchen darf. Ich frage mich, ob mir durch das Studium theoretisch dieselben Türen offen stehen wie einem Studierenden aus der Oberschicht."

Informationen sichern und viel eigene Arbeit sparen

Nachdem du dein Material vorgestellt, etwas zu deiner Motivation und zu den Forschungstexten gesagt hast, geht es um Feedback. Bitte deinen Professor um Kritik, Verbesserungsvorschläge, Anmerkungen und schreib möglichst alles davon mit.

Wenn er keine weiteren Anmerkungen mehr hat, geht es noch darum, herauszufinden, welche Theorien und Methoden dein Professor für deine wissenschaftliche Arbeit sinnvoll findet. Denn wie gesagt, es gibt da meist viele Optionen. Frag ihn also ganz offen nach Autoren oder spezifischen Theorie- und Methodentexten, die er für deine wissenschaftliche Arbeit empfehlen würde.

Achtung: Wenn du eine Arbeit in den Geisteswissenschaften schreibst, gibt es in der Regel keine Methoden, oder besser: Es werden Methoden angewendet, die jeder kennt und die deswegen nicht noch einmal mithilfe eines Methodentextes erklärt werden müssen. In dem Fall brauchst du also nur nach Theorietexten zu fragen.

Aber egal, ob du Methodentexte brauchst oder nicht: Am wichtigsten ist es, bei dem Gespräch genau zuzuhören und – wo nötig – nachzufragen, nachzufragen, nachzufragen. Schließlich geht es darum, festzustellen, ob dein Professor mit deinem Material und den von dir gewählten Forschungstexten einverstanden ist. Es wird selten so sein, dass er den kompletten Vorschlag ablehnt; durchaus kann es aber vorkommen, dass du auf einzelne Texte verzichten und dafür andere mit hineinnehmen sollst. Hättest du nicht gefragt, hättest du diese Information erst in Form einer schlechteren Note bekommen.

Dauer Schritt 3:
0:30h

Schritt 4: Theorietexte finden und analysieren

Ich wette, das Wort „Theorie" weckt in dir einige negative Assoziationen. Muss es aber gar nicht. Denn nach diesem Schritt wirst du einen Haken hinter den Theorieteil deiner wissenschaftlichen Arbeit machen können. Und der Weg dahin dauert nicht einmal eineinhalb Stunden.

Denn aus dem Gespräch mit deinem Dozenten weißt du ja schon, welche Theorie du nutzen sollst. Bleibt also nur noch die Frage, wie viele Texte du zu dieser Theorie brauchst und wie du sie findest. Und dann noch: wie du sie analysierst. Das alles zeige ich dir jetzt in genau der Reihenfolge.

Wie viele Theorietexte?

Theorien stammen in der Regel von ein und demselben Autor, der sie aber über seine ganze Karriere hinweg immer weiter fortentwickelt hat. Damit deine wissenschaftliche Arbeit nach gründlicher Recherche aussieht, solltest du mindestens zwei Texte dieses Autors zu seiner Theorie finden. Und es ist wirklich wichtig, dass die Texte vom Autor selbst stammen. Denn ganz oft wird es viele, viele Texte von Fremdautoren über bestimmte Theorien geben. Weil sich aber oft nicht prüfen lässt, ob so eine Theorie nun richtig oder falsch erklärt ist, könnten Fremdautoren Theorien auch (unwillentlich) verzerren. Deswegen ist es immer besser, sich „an der Quelle" zu informieren.

Wo suchen?

Hauptsächlich in Google. Denn Theorien sind im Gegensatz zu Forschungstexten häufig in Handbüchern, Wörterbüchern oder Interviews mit dem Autor zusammengefasst worden. Wenn du diese Texte findest, erspart dir das viel Zeit bei der Analyse.

Ich zeige dir die Suche an einem einfachen und einem etwas schwierigeren Beispiel:

Theorietexte finden: ein einfaches Beispiel
Wenn unser Professor uns (in Schritt 3) dazu geraten hätte, in einer wissenschaftlichen Arbeit in Geschichte Jörn Rüsens „Theorie der Geschichtskultur" zu behandeln, würden wir Google einfach mit dem Suchbegriff „rüsen geschichtskultur handbuch" oder „rüsen geschichtskultur wörterbuch" füttern. Das tue ich jetzt.

Und siehe da: Der erste Treffer auf der Ergebnis-Seite ist eine PDF-Version des „Handbuchs der Geschichtsdidaktik" mit einem vierseitigen Eintrag von Jörn Rüsen zur Geschichtskultur. Das ist ein Jackpot! Auf nur vier Seiten werden wir das, was wir suchen, in Nullkommanichts finden.

Aber erinnern wir uns: Wir wollten zwei Texte finden. Dazu löschen wir einfach das „handbuch" aus unserem Suchbegriff und springen in den Reiter Google Books. Da ist allerdings nichts von Rüsen selbst dabei. Nun können wir (mit dem Suchbegriff „rüsen geschichtskultur") entweder nach JSTOR oder in unseren Bibliothekskatalog springen. In JSTOR finden wir in dem Fall zwar eine Menge Artikel von Rüsen, jedoch nicht zur Geschichtskultur. Aber im Bibliothekskatalog der Uni Hamburg ist gleich der erste Titel ein Treffer: „Geschichtskultur: Stichworte zur Geschichtsdidaktik" von Jörn Rüsen (ein Zeitschriftenartikel). Schon haben wir unsere zwei Texte beisammen.

Theorietexte finden: ein schwieriges Beispiel
In diesem Fall hat unser Professor uns empfohlen, uns mit der „Habitustheorie" von Pierre Bourdieu auseinanderzusetzen. Unwissend was sich dahinter verbirgt, goo-

geln wir nach „bourdieu habitustheorie handbuch". Als drittes Suchergebnis finden wir ein Handbuch, allerdings ist der Artikel darin nicht von Bourdieu selbst. Deshalb suchen wir weiter: nach „bourdieu habitustheorie wörterbuch" und – weil auch das kein Ergebnis vom Autor selbst auswirft – noch nach „bourdieu habitustheorie interview". (Interviews mit berühmten Autoren werden oft als Bücher publiziert und gelten als Theorietexte.) Aber: Auch diese Suche bleibt ohne relevantes Ergebnis. In unserem Bibliothekskatalog findet sich zu „bourdieu habitustheorie handbuch" gar nichts und an diesem Punkt können wir schon ziemlich sicher sein: Eine Zusammenfassung der Theorie vom Autor selbst gibt es nicht. Wir müssen also nach etwas anderem suchen.

Und dieses andere sollte, damit wir nicht zu viel Arbeit haben, eine Zusammenfassung sein. Also versuchen wir folgende Strategie: eine Zusammenfassung von einem Fremdautor finden und dann – als zweiten Text – noch einen Text von Bourdieu selbst heranziehen.

Weil Bourdieu auf Französisch geschrieben hat, haben wir mehrere Optionen: Wir können einen deutschen oder einen englischen oder einen französischen Fremdautor wählen, der uns die Habitustheorie erklärt. In diesem Fall wähle ich englische Texte, weil ich die Erklärungen darin in der Regel weniger fachsprachlich und deshalb einfacher verständlich finde.

Also googeln wir nun nach „bourdieu habitus theory handbook" und schauen uns dann in Abb. 20 nur die Ergebnisse auf Google Books an.

Welches Ergebnis ist wohl am relevantesten? Das sagt uns die Vorschau unterhalb der Titel und glücklicherweise markiert Google unsere Suchwörter dort automatisch fett. Also: je mehr fett hervorgehobene Wörter, desto relevanter dürfte der Titel sein. In diesem Fall klicken wir also auf Ergebnis 2: das „Routledge Handbook of Social and Cultural Theory".

Wenn du das tust, leitet dich Google automatisch auf die Seite des Buches, auf der dein Suchbegriff am häufigsten zu finden ist. Das siehst du daran, dass links im Suchfeld dein Suchbegriff eingetragen ist und am oberen Rand des Buches ein Kasten mit der Anzahl der Suchergebnisse angezeigt wird (Abb. 21).

Und genau dieser obere Kasten mit der Anzahl der Suchergebnisse ist für uns entscheidend. Denn auf genau so vielen Seiten kommt in dem Buch unser Suchbegriff vor. Also wird dort auch etwas darüber gesagt. Und das lässt sich dann später analysieren und für die wissenschaftliche Arbeit nutzen.

Jetzt müssen wir nur noch eins ändern. Bisher werden ja die Suchergebnisse für „bourdieu habitus theory handbook" angezeigt. Wir sind aber mittlerweile schon im Handbuch angelangt, also macht es keinen Sinn weiterhin diesen Suchbegriff zu benutzen. Denn wir suchen ja nach einer Erklärung der Theorie selbst und nicht (mehr) nach einem Handbuch über die Theorie. Wir verkürzen unseren Suchbegriff in dem Kasten auf der linken Seite also auf „bourdieu habitus theory" und klicken auf „Suche" (Abb. 22).

Google   bourdieu habitus theory handbook   🔍

Alle   Bilder   Videos   Shopping   **Bücher**   Mehr ▾   Suchoptionen

Ungefähr 3.670 Ergebnisse (0,49 Sekunden)

Higher Education: Handbook of Theory and Research
 https://books.google.de/books?isbn=1402096283 - Diese Seite übersetzen
John C. Smart - 2009 - Vorschau - Mehr Ausgaben
More specifically, the structures which constitute the material conditions characteristic of classes produce **habitus**, which are systems of durable, ... The world which individuals inhabit is a world of already realized ends (**Bourdieu**, 1990).

Routledge Handbook of Social and Cultural Theory
 https://books.google.de/books?isbn=1134085540 - Diese Seite übersetzen
Anthony Elliott - 2013 - Vorschau - Mehr Ausgaben
In developing this research interest, **Bourdieu** coined the term **habitus**, by which he meant the institutionalized process by which wellpractised habits bridge ... In Outline of a **Theory** of Practice (1977) **Bourdieu** detailed the **concept** of **habitus** ...

Handbook of Contemporary Sociological Theory - Seite 189
 https://books.google.de/books?isbn=3319322508 - Diese Seite übersetzen
Seth Abrutyn - 2016 - Vorschau - Mehr Ausgaben
plex theoretical framework that included two other major concepts, capital and **habitus** (see generally **Bourdieu** 1977, 1986; **Bourdieu** and Wacquant 1992). For **Bourdieu**, social life takes place in fields. Fields are arenas of struggle, and ...

Higher Education: Handbook of Theory and Research 15 - Seite 375

Abbildung 20: Ergebnisse für „bourdieu habitus theory handbook" unter www.books.google.com

Immer noch 12 Ergebnisse. Das heißt, wir werden auf zwölf Seiten etwas über Bourdieus Habitustheorie finden und anhand dieser relevanten Seiten Notizen für unsere Arbeit machen. Das sollte reichen. Theorietext 1 ist also schon gefunden!

Theorietext 2 soll nun aber, wie gesagt, einer von Bourdieu selbst sein. Und Hinweise darauf, welcher von Bourdieus vielen, vielen Texten es sein soll, finden wir praktischerweise in genau den Suchergebnissen, die wir gerade produziert haben. Du siehst in Abb. 22 andeutungsweise, dass rechts verschiedene Seiten aus dem Buch angezeigt werden (die hier aus lizenzrechtlichen Gründen leider nicht abgedruckt werden dürfen). Und schon der Ausschnitt aus der ersten Seite erwähnt ein Buch von Bourdieu selbst mit dem Titel „Outline of a Theory of Practice (1977)". Da auf der Seite gleichzeitig mehrmals die Begriffe „habitus", „Bourdieu" und „theory" vorkommen, ist es wahrscheinlich, dass wir hier ein Buch von Bourdieu selbst gefunden haben, das wir verwenden können.

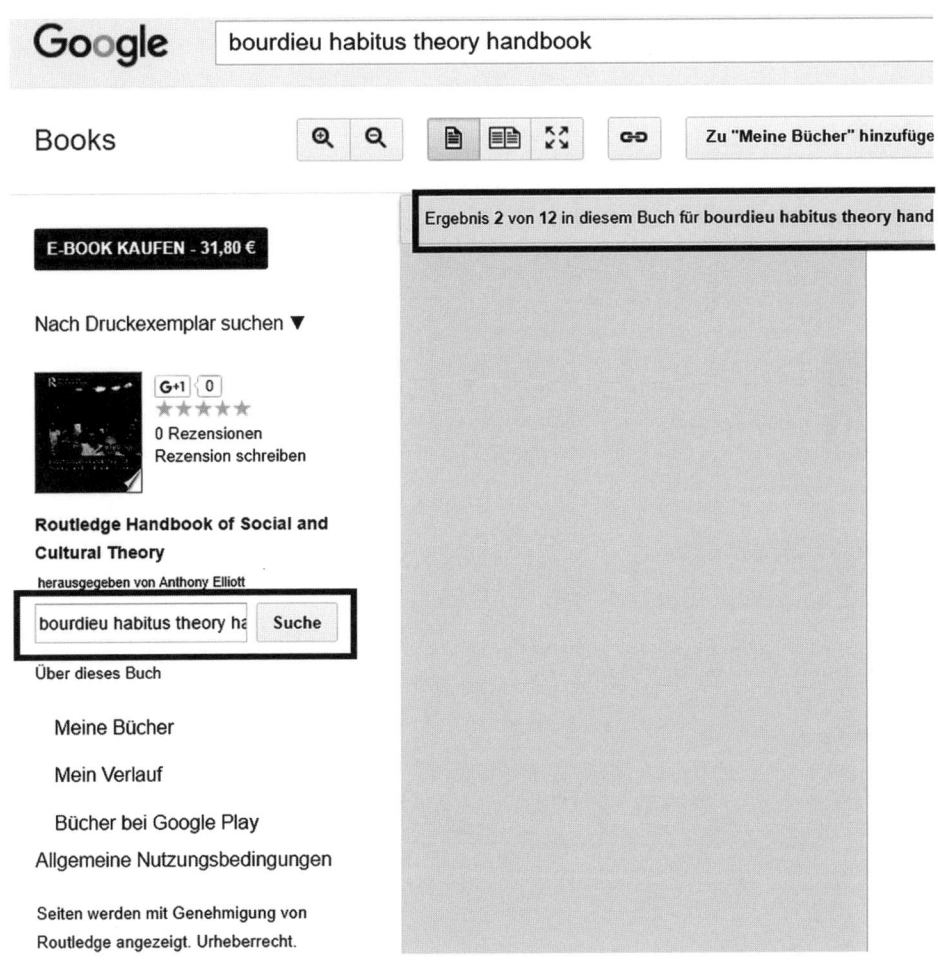

Abbildung 21: Ergebnisse für „bourdieu habitus theory handbook" innerhalb des „Routledge Handbook of Social and Cultural Theory" unter www.books.google.com, Einrahmung Y.W. (Text rechts ausgeblendet, weil dieser hier aus lizenzrechtlichen Gründen nicht abgedruckt werden darf, Y.W.)

Wir suchen also in Google Books nach „Outline of a Theory of Practice" und finden an erster Stelle der Suchergebnisse auch gleich das gesuchte Werk. Ein Klick darauf führt uns, wie vorhin, ins Innere des Buches. Nun wollen wir aber noch herausfinden, wo Bourdieu in diesem Buch etwas zum Habitus sagt. Dazu suchen wir, ebenfalls wie vorhin, in der Suchmaske links nach „habitus" (Abb. 23).

Die Suchergebnisleiste oben zeigt uns diesmal sogar 52 Treffer. In diesem Buch geht es also tatsächlich über ganze Strecken um das Konzept des „Habitus". Damit haben wir auch unseren zweiten Theorietext – den vom Autor selbst – gefunden.

Google
bourdieu habitus theory handbook
Books
Zu "Meine Bücher" hinzufügen
12 Ergebnisse für bourdieu habitus theory werden in diesem Buch angezeigt.
E-BOOK KAUFEN - 31,80 €
Nach Druckexemplar suchen
Seite »
0 Rezensionen
Rezension schreiben
Routledge Handbook of Social and Cultural Theory
herausgegeben von Anthony Elliott
bourdieu habitus theory
Suche
Seite »

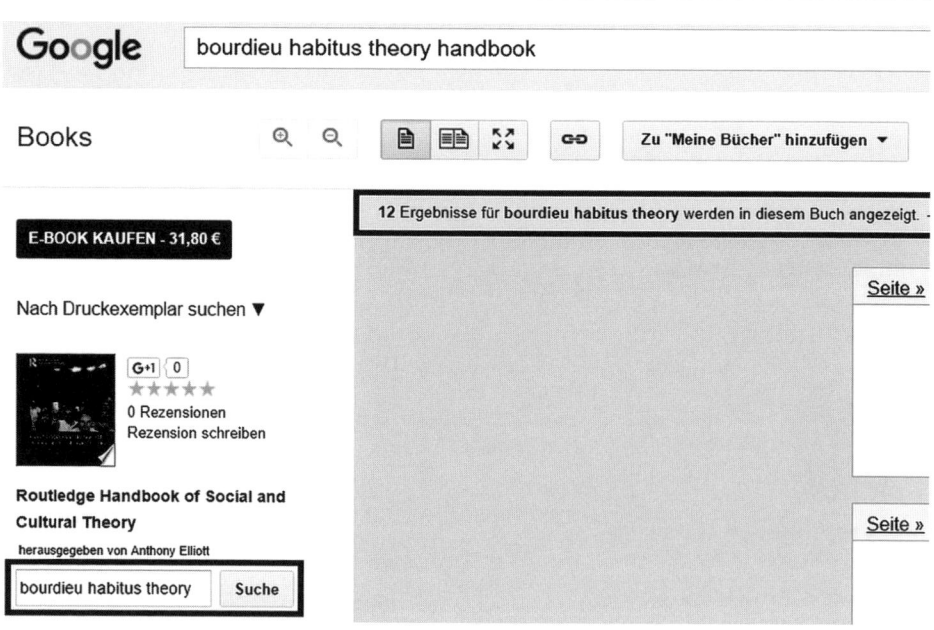

Abbildung 22: Ergebnisse für „bourdieu habitus theory" innerhalb des „Routledge Handbook of Social and Cultural Theory" unter www.books.google.com

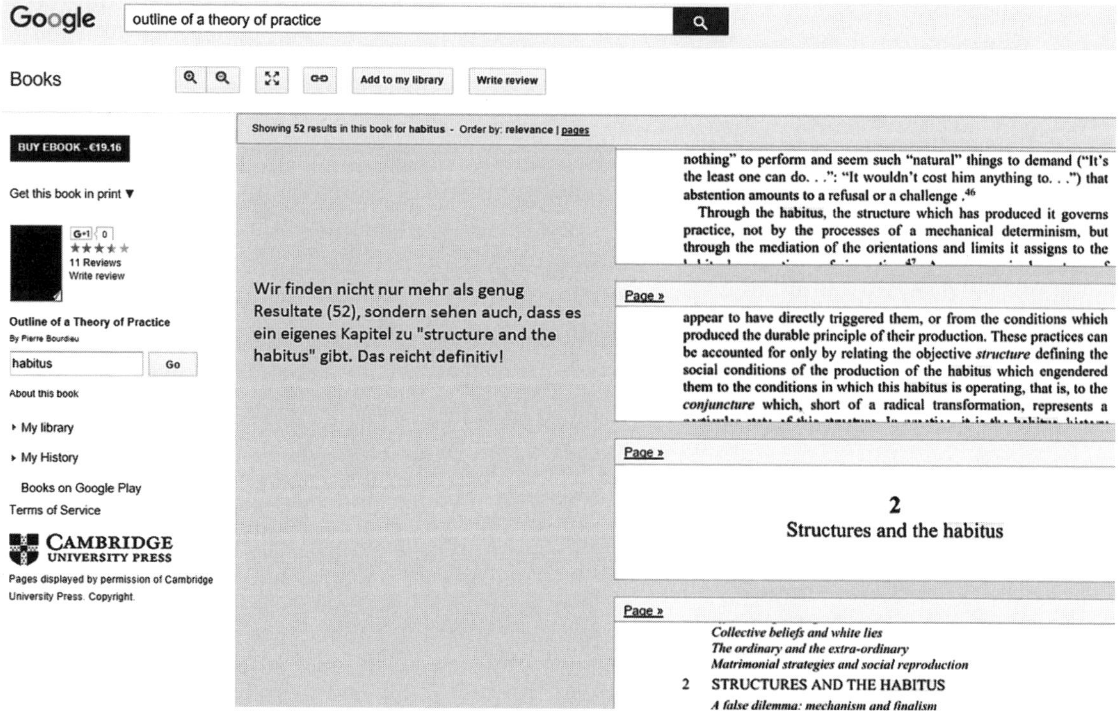

Google
outline of a theory of practice
Books
Add to my library
Write review
Showing 52 results in this book for habitus - Order by: relevance | pages
BUY EBOOK - €19.16
Get this book in print
11 Reviews
Write review
Outline of a Theory of Practice
By Pierre Bourdieu
habitus
Go
About this book
My library
My History
Books on Google Play
Terms of Service
CAMBRIDGE UNIVERSITY PRESS
Pages displayed by permission of Cambridge University Press. Copyright.
Wir finden nicht nur mehr als genug Resultate (52), sondern sehen auch, dass es ein eigenes Kapitel zu "structure and the habitus" gibt. Das reicht definitiv!
nothing" to perform and seem such "natural" things to demand ("It's the least one can do. . .": "It wouldn't cost him anything to. . .") that abstention amounts to a refusal or a challenge.46
Through the habitus, the structure which has produced it governs practice, not by the processes of a mechanical determinism, but through the mediation of the orientations and limits it assigns to the
Page »
appear to have directly triggered them, or from the conditions which produced the durable principle of their production. These practices can be accounted for only by relating the objective structure defining the social conditions of the production of the habitus which engendered them to the conditions in which this habitus is operating, that is, to the conjuncture which, short of a radical transformation, represents a
Page »
2
Structures and the habitus
Page »
Collective beliefs and white lies
The ordinary and the extra-ordinary
Matrimonial strategies and social reproduction
2 STRUCTURES AND THE HABITUS
A false dilemma: mechanism and finalism

Abbildung 23: Ergebnisse für „Habitus" innerhalb des Buches „Outline of a Theory of Practice", Kommentar in der Mitte Y.W.

Theorietexte effizient analysieren

Die zwei Texte haben wir. Jetzt geht es darum, die entscheidenden Informationen herauszufiltern, ohne dafür stundenlang zu ackern. Und es sollen sofort Notizen dabei herauskommen, damit wir die Theorie später schriftlich erklären können, ohne noch einmal in den Text zu schauen. Das klingt vielleicht nach viel Aufwand, ist es aber nicht. Ungefähr 60 Minuten (30 pro Text) sollten reichen.

Um das zu erreichen, musst du dich wieder fragen: Wonach suche ich eigentlich? Antwort: Nach den zentralen Aussagen einer Theorie! Und welche sind das?

Woraus eine Theorie besteht

Eine Theorie ist eigentlich nichts weiter als eine bestimmte Art und Weise, die Welt zu betrachten und zu erklären. Die Habitustheorie (aus den Sozialwissenschaften) zum Beispiel betrachtet und erklärt das Sozialverhalten von Menschen. Und die oben angesprochene Theorie der Geschichtskultur (aus den Geisteswissenschaften) schaut darauf, wie und zu welchen Zwecken Geschichte in der Gesellschaft verwendet wird.

Theorien sind also so etwas wie Brillen, durch die wir die Welt um uns herum betrachten. Eine Brille hilft uns, etwas zu sehen, das vorher nicht sichtbar war (bspw. „den Habitus" oder „die Geschichtskultur"). Und indem eine Theorie uns auf etwas Bestimmtes aufmerksam macht, lässt sich unsere Welt besser erklären. Am Beispiel:

Bourdieus Theorie macht uns darauf aufmerksam, dass bspw. erfolgreiche Manager einen bestimmten Habitus haben (Verhalten, Kleidung, Sprache etc.). Dieser Habitus erklärt sich dadurch, dass ungewöhnlich viele Manager aus der Oberschicht stammen.

Die Theorie der Geschichtskultur zeigt uns, dass es so etwas wie eine von vielen Menschen geteilte Wahrnehmung von Geschichte gibt. Diese Geschichtskultur erklärt sich dadurch, dass Menschen einer Gesellschaft bestimmte geschichtliche Ereignisse in ähnlicher Weise erinnern.

Und was ist das in beiden Fällen für eine Art von Aussage? Eine Behauptung. Oder auf Akademisch: eine These – und die kennst du ja bereits aus Schritt 2. **Die These ist also das erste Element, das du in einem theoretischen Text suchst.**

Das zweite Element sind Begriffe. Theorien verwenden in ihren Behauptungen nämlich oft ganz spezielle Wörter, die in der Alltagssprache so nicht vorkommen (z.B. „Habitus"). Oder Theorien verwenden Begriffe, die in der Alltagssprache vorkommen, innerhalb der Theorie aber eine andere Bedeutung haben („Gesellschaft" z.B. ist in der Soziologie anders definiert als im alltäglichen Gebrauch). Diese Begriffe gilt es zu finden. Denn nur so kannst du dem Leser (deinem Professor) erklären, was die These eigentlich bedeutet.

Drittens suchst du nach Argumenten. Denn eine Theorie nennt meistens nicht nur die These unter Verwendung von Begriffen, die in dem Zusammenhang eine bestimmte Bedeutung haben, sondern begründet diese Begriffe auch.

Und genau wie die These hast du auch das Argumentieren schon kennengelernt, als wir Forschungstexte analysiert haben (Schritt 2). Und genau wie dort geht es auch hier darum, die drei überzeugendsten Argumente zu finden.

Und alle drei Elemente – These, Begriffe und drei Argumente – kannst du ziemlich schnell finden, wenn du folgendermaßen vorgehst:

Die These einer Theorie finden

Zurück zu unserem Beispiel der Theorie der Geschichtskultur. Die Theorietexte dazu haben wir bereits gesucht und gefunden. Und den ersten davon – eine Zusammenfassung von Geschichtskultur in einem Handbuch vom Autor, Jörn Rüsen, selbst – nehmen wir uns jetzt vor.

Das Prinzip dabei ist (wie bei den Forschungstexten): nicht Seite um Seite lesen und dabei nur die Hälfte aufnehmen, sondern sich **im Text orientieren, die wichtigen Stellen identifizieren und diese Stellen genau lesen, verstehen und Wesentliches notieren.**

Wir wollen also erst einmal eine Idee davon bekommen, wo die These stehen könnte. Dazu schauen wir uns den Titel des Textes sowie die Zwischenüberschriften an. Der Titel, „Geschichtskultur", verrät uns leider nichts über die These. Vielleicht aber die Zwischenüberschriften. Da gibt es: „Erinnerung", „Bereiche und Dimensionen", und „Komplexe Beziehungen".

Wir wissen nicht so genau, was mit „Erinnerung" gemeint ist, aber „Bereiche und Dimensionen" dürfte wohl „Bereiche und Dimensionen der Geschichtskultur" bedeuten. Um das zu bestätigen, lesen wir den ersten Satz:

Bereiche und Dimensionen

Im Blick auf moderne Lebensverhältnisse lassen sich verschiedene Bereiche und Dimensionen der Geschichtskultur unterscheiden, vor allem die ästhetische, die politische und die kognitive. Sie sind in ihrer Unterschiedlichkeit und in ihrem inneren Zusammenhang anthropologisch fundiert, nämlich in den elementaren mentalen Operationen des Fühlens, Wollens und Denkens.
In den ästhetischen Bereich fallen u. a. Denkmäler, Museen, historische Werke der bildenden Kunst, der Literatur und des Films, aber auch die Historiographie (als eigene lite-

Abbildung 24: Zweite Seite (Ausschnitt) aus dem Handbuchartikel „Geschichtskultur" von J. Rüsen, Suchwörter unterstrichen Y.W.

Tatsache: Es geht um eine Untergliederung von Geschichtskultur in verschiedene „Bereiche". Das heißt, in diesem Abschnitt wird der Begriff Geschichtskultur in kleinere Begriffe zerlegt. Das hat zwar nichts mit unserer These zu tun, aber wir merken diesen Abschnitt für die spätere Begriffssuche vor.

Nach dieser Textpassage folgt der (letzte) Abschnitt mit der Überschrift „Komplexe Beziehungen". Weil wir uns darunter nichts Konkretes vorstellen können, lesen wir auch hier den Absatz schnell:

Komplexe Beziehungen

Die genannten drei Dimensionen stehen in einem inneren und notwendigen Zusammenhang. Jedes Phänomen der Geschichtskultur hat ästhetische, politische und kognitive Elemente, natürlich in unterschiedlicher Verteilung und Zusammensetzung. Denkmäler z. B. sind immer zugleich ästhetisch und politisch verfaßt, **ihr kognitiver** Gehalt ist vergleichsweise gering. In der wissenschaftlichen Historiographie überwiegt demgegenüber natürlich das kognitive Element des historischen Wissens; aber sie hat in der Form ihrer Dar-

Abbildung 25: Zweite Seite (Ausschnitt) aus dem Handbuchartikel „Geschichtskultur" von J. Rüsen, Suchwörter unterstrichen

Und schon der erste Satz sagt uns, dass es auch hier um die Unterbereiche der Geschichtskultur geht (also um Begriffe der Theorie). Auch dieser Abschnitt ist für später vorgemerkt; jetzt gerade können wir ihn aber überspringen.

Bleibt uns noch die Einleitung (1. Absatz) und der Abschnitt über „Erinnerung". Beides zusammen nimmt ungefähr eine Seite ein und wir können ziemlich sicher sein, dass die These irgendwo da drinnen steht. In ca. einer Minute haben wir also unseren Leseaufwand, um die These zu finden, von vier auf eine Seite reduziert.

Ob die ganze Seite relevant ist, finden wir heraus, indem wir den Text überfliegen und dabei nach dem Wort Geschichtskultur Ausschau halten. Denn das Wort wird ziemlich sicher Teil der These sein (Abb. 26).

Scheint so, als müsste die These irgendwo im ersten Absatz stehen. Den überfliegen wir also nicht nur, sondern lesen ihn etwas genauer: Abb. 27.

Hier wird in fast jedem Satz, in dem das Wort Geschichtskultur vorkommt, eine Mini-Behauptung aufgestellt. (Auch wenn sich die Aussagen eher wie Definitionen anhören: Solange uns Herr Rüsen nicht gesagt hat, warum die Geschichtskultur wirklich XYZ „bezeichnen" soll, bleiben diese Sätze bloße Behauptungen.) Von den dreien habe ich die letzte Behauptung unterstrichelt, weil sie Behauptung 1 und 2 in gewisser Weise miteinander verbindet. Denn: Behauptung 1 enthält die Wörter (und verbindet deshalb) Geschichtskultur und „Geschichtsbewusstsein", Behauptung 2 verbindet Geschichtskultur und „(gesamtgesellschaftliche) Kultur" und Behauptung 3 verbindet Geschichtskultur, „Geschichtsbewusstsein" und „Kultur".

Wenn wir diese drei Mini-Behauptungen zu einer Gesamtthese verbinden wollen, brauchen wir also nur Behauptung 3 zu nehmen und die etwas kryptische Aussage darin durch die Elemente aus Behauptung 1 und 2 zu erklären. Das lässt sich dann etwa so zusammenschustern (meine Kommentare dazu in eckigen Klammern):

Geschichtskultur bezeichnet [oder besser: erklärt (denn das tun Theorien ja)], wie unser aller Geschichtsbewusstsein zusammengenommen [das kommt aus Behauptung 1] in verschiedenen Dimensionen der Kultur [das aus Behauptung 3] erfahr- und deutbar [aus Behauptung 2] wird.

Das war's schon. Allerdings finde ich den Ausdruck „Sitz des Geschichtsbewußtseins im Leben" im Text ziemlich gut, weil er das, was die These aussagt, kurz und

Geschichtskultur bezeichnet den Gesamtbereich der Aktivitäten des Geschichtsbewußtseins. Er läßt sich als ein eigener Bereich der Kultur mit einer spezifischen Weise des Erfahrens und Deutens der Welt, der Orientierung der menschlichen Lebenspraxis in ihr, des
menschlichen Selbstverständnisses und der Ausprägung von Subjektivität beschreiben und
analysieren. „Geschichtskultur" hat als Terminus also eine kategoriale Bedeutung: Er bezeichnet den Sitz des Geschichtsbewußtseins im Leben, seine Erstreckung in verschiedene
Dimensionen der Kultur und deren inneren Zusammenhang. Mit ihm rückt die Geschichtsdidaktik ihren spezifischen Gegenstand, das historische Lernen, in eine umfassende
Perspektive, die den bisher vorherrschenden Blick auf das Geschichtsbewußtsein und seine
kognitive Seite erheblich erweitert: Die ganze **Spielb**reite des Geschichtsbewußtseins, seine
emotionalen, ästhetischen, politischen, kognitiven, religiösen und weltanschaulichen Di-
mensionen geraten ebenso in den Blick wie seine vielfältige Ausprägung und Wirkung in
unterschiedlichen Institutionen und Tätigkeitsbereichen der Lebenspraxis.

„Er", „seine", „ihm" bezieht
sich auf den Begriff
„Geschichtskultur" am Anfang
des (Ab-)Satzes.

Erinnerung

Anthropologische Grundlage jeder Aktivität des Geschichtsbewußtseins ist die historische Erinnerung. Historisch ist eine Erinnerung dann, wenn sie in zeitlicher Perspektive
grundsätzlich die Grenzen der Lebenszeit der sich erinnernden Subjekte überschreitet,
d. h. **tiefer in die** Vergangenheit zurückgeht und von ihr her weiterreichende Zukunftsper-
spektiven entwerfen läßt. **Eine solche** spezifisch historische Erinnerung **verfaßt** sich im
Leben einer Gesellschaft als institutionelles **Gebilde** des kulturellen Gedächtnisses (Ass-
mann 1992). Mit ihm bildet eine Gesellschaft die für ihre Mitglieder maßgebende kollekti-
ve Identität; in ihm stellt sie sich in allem zeitlichen Wandel auf die Dauer einer prägenden
mentalen Kraft, die Zugehörigkeit und Fremdsein bestimmt und als Vorstellung einer
zeitlichen Ordnung der **Welt** das menschliche Handeln und Leiden sinnhaft bestimmt.
Um diese kulturelle Permanenz sozialer Lebensformen leisten zu können, interpretiert
das historische Gedächtnis die Erfahrung der Vergangenheit mit Deutungsmustern eines übergreifenden Zeitverlaufs, der sich tendenziell auf Gegenwart und Zukunft bezieht. Diese Interpretation macht **die** gegenwärtige Welt in ihrer zeitlichen Dimension
verständlich. Sie artikuliert dabei zugleich **die soziale** Identität ihrer Subjekte, ihre Zugehörigkeit zu und ihre Abgrenzung **von** anderen und die Grenzen und Chancen ihres
Selbstseins (in modernen Gesellschaften: ihrer Individuierung). Das Geschichtsbewußtsein bildet also im Medium der erfahrungsbezogenen (daher grundsätzlich nicht fiktio-
nalen) historischen Erinnerung und seiner sozialen Ausprägung zum kulturellen Gedächtnis einer Gesellschaft einen Sinn von Zeit. Dieser Zeitsinn wird in der Form empi-
risch gesättigter Deutungsmuster zeitlicher Veränderungen des Menschen und seiner
Welt in der Lebenspraxis **als Richtungs**bestimmung von Handeln und als Identitäts-
größe seiner Subjekte wirksam. Geschichtskultur ist Inbegriff dieser Wirksamkeit.
In **der** jüngeren Diskussion werden historische „Erinnerung" und „Geschichte", letzte-

Abbildung 26: Erste und zweite Seite (zusammengefügt Y.W.) aus dem Handbuchartikel
„Geschichtskultur" von J. Rüsen, unterstrichen und am rechten Rand kommentiert

Geschichtskultur bezeichnet den Gesamtbereich der Aktivitäten des Geschichtsbewußtseins. Er läßt sich als ein eigener Bereich der Kultur mit einer spezifischen Weise des Erfahrens und Deutens der Welt, der Orientierung der menschlichen Lebenspraxis in ihr, des
menschlichen Selbstverständnisses und der Ausprägung von Subjektivität beschreiben und
analysieren. „Geschichtskultur" hat als Terminus also eine kategoriale Bedeutung: Er bezeichnet den Sitz des Geschichtsbewußtseins im Leben, seine Erstreckung in verschiedene
Dimensionen der Kultur und deren inneren Zusammenhang. Mit ihm rückt die Geschichtsdidaktik ihren spezifischen Gegenstand, das historische Lernen, in eine umfassende
Perspektive, die den bisher vorherrschenden Blick auf das Geschichtsbewußtsein und seine
kognitive Seite erheblich erweitert: Die ganze **Spielb**reite des Geschichtsbewußtseins, seine
emotionalen, ästhetischen, politischen, kognitiven, religiösen und weltanschaulichen Di-
mensionen geraten ebenso in den Blick wie seine vielfältige Ausprägung und Wirkung in
unterschiedlichen Institutionen und Tätigkeitsbereichen der Lebenspraxis.

Behauptung 1: Geschichtskultur =
Geschichtsbewußtsein (Bild von Geschichte, das jeder
von uns im Kopf hat) der gesamten Kultur
Behauptung 2: Geschichtskultur = bestimmte „Weise
des Erfahrens und Deutens", ein Bereich der Kultur
Behauptung 3: Geschichtskultur bezeichnet unser
individuelles Geschichtsbild („Geschichtsbewußtsein")
in verschiedenen Dimensionen der Kultur.

Abbildung 27: Erste Seite (Ausschnitt) aus dem Handbuchartikel „Geschichtskultur" von J. Rüsen,
unterstrichen und am rechten Rand kommentiert

knapp veranschaulicht. Wir wollen den Ausdruck also noch als Zitat zu unserer These hinzupacken. Wir notieren:

Das Konzept Geschichtskultur erklärt, wie unser aller Geschichtsbewusstsein zusammengenommen in verschiedenen Dimensionen der Kultur erfahr- und deutbar wird. Die Geschichtskultur erklärt also so etwas wie „den Sitz des Geschichtsbewußtseins im Leben". (Jörn Rüsen, Handbuch, http://www.joern-ruesen.de/2.07_Handbuch_der_Geschichtsdidaktik__Artikel_Joern_Ruesen.pdf, S. 38)

Begriffe finden und notieren

Wir erinnern uns an den für die Begriffe vorgemerkten Abschnitt „Bereiche und Dimensionen". Wir springen dorthin und überfliegen den ca. einseitigen Abschnitt (wie immer) zuerst zur Orientierung (Abb. 28).

Ziemlich einleuchtende Struktur: Im ersten Absatz werden die drei Begriffe genannt, um die es hier geht: „ästhetische", „politische" und „kognitive" Dimension der Geschichtskultur. Und siehe da: Die nächsten drei Abschnitte befassen sich mit je einem dieser Begriffe in genau der Reihenfolge.

Springen wir also in den Absatz zur „ästhetischen Geschichtskultur", um eine Erklärung für diesen Begriff zu finden (Abb. 29).

Wir haben hier erst ein paar Beispiele für Objekte, die zur ästhetischen Geschichtskultur gehören (Denkmäler, Museen etc.) und dann eine Charakterisierung des Ästhetischen. Wenn wir das zusammenpacken, ergibt sich folgende Notiz:

Die ästhetische Dimension der Geschichtskultur bezieht sich auf die Formen der Wahrnehmung, Vorstellung und Darstellung von Vergangenheit. Damit gehören zur ästhetischen Dimension der Geschichtskultur bspw. Denkmäler und Museen (Rüsen, Handbuch, S. 39).

Unseren ersten Begriff haben wir also abgearbeitet. Da das Vorgehen für die „politische" und „kognitive" Geschichtskultur dasselbe wäre, spare ich mir die Wiederholung.

Argumente finden und notieren

Wir haben mittlerweile den größten Teil des Handbuchartikels zur Geschichtskultur gesehen und deshalb nehme ich es hier vorweg: Im kompletten Text gibt es keine Argumente. Das kommt – besonders in Handbuchartikeln – vor und ist für uns sogar eine Arbeitserleichterung. Denn wir müssen jetzt nur die Argumente im zweiten Text finden.

Dieser zweite Text – Jörn Rüsens „Geschichtskultur: Stichworte zur Geschichtsdidaktik" – hat zehn Seiten, aber leider keine Zwischenüberschriften. Wir müssen uns also anders orientieren. Schon auf der ersten Seite stellen wir fest, dass der Text die wichtigsten Aussagen kursiv setzt. Und wenn wir weiterblättern, entdecken wir,

Begriffe finden

Bereiche und Dimensionen

Im Blick auf moderne Lebensverhältnisse lassen sich verschiedene Bereiche und Dimensionen der Geschichtskultur unterscheiden, vor allem die ästhetische, die politische und die kognitive. Sie sind in ihrer Unterschiedlichkeit und in ihrem inneren Zusammenhang anthropologisch fundiert, nämlich in den elementaren mentalen Operationen des Fühlens, Wollens und Denkens.

In den ästhetischen Bereich fallen u. a. Denkmäler, Museen, historische Werke der bildenden Kunst, der Literatur und des Films, aber auch die Historiographie (als eigene literarische Gattung) und die Formen mündlichen historischen Erzählens. Hier geht es einmal um eine spezifische Wahrnehmungsqualität der Vergangenheit, um ihre Faszinationskraft, ihre Erinnerungswürdigkeit; ferner geht es um die Imagination vergangener Lebenswelten und ihrer Veränderung und dann vor allem um die Darstellung, mit der die Vergangenheit die Züge gegenwärtigen menschlichen Lebens annimmt oder zumindest in die wirksamen Triebkräfte der Handlungsorientierung integriert werden kann. Die Ästhetik der Geschichtskultur folgt eigenen Gesichtspunkten, Direktiven und Regeln. Sie bestimmen die Rezeptionsfähigkeit vergegenwärtigter Vergangenheit, die Wahrnehmbarkeit der Geschichte im Erfahrungshorizont der Gegenwart und ihre Eingängigkeit in die Sinnbestimmungen aktuellen Handelns und Leidens.

In den politischen Bereich fallen Herrschergenealogien, öffentliche Gedenktage, staatlich organisierter Geschichtsunterricht, historische Argumente im politischen Meinungsstreit (Oehler 1989) und vieles andere mehr. Politisch ist die Geschichtskultur insofern, als jede Form von Herrschaft einer Zustimmung durch die Betroffenen bedarf, in der ihre historische Erinnerung eine wichtige Rolle spielt. Politische Herrschaft präsentiert sich immer in geschichtsträchtigen Symbolen; sie bedarf der Geschichte, um ihr organisiertes Machtverhältnis im Inneren der von ihm betroffenen Subjekte zu verwurzeln und abzusichern. Auch diese Dimension hat ihre spezifischen Direktiven und Regulative, nämlich diejenigen der Legitimität von Herrschaft: Die durch die historische Erinnerung geleistete kulturelle Orientierung von Lebenspraxis muß, um wirksam sein zu können, den politischen Absichten und Interessen seiner Subjekte entsprechen. Damit ist nicht gesagt, daß die Geschichtskultur politisch blind dem Willen zur Macht folgt, sondern im Gegenteil, daß sie zum „Auge der Macht" gehört, indem sie nämlich deren Wirksamkeit an die Zustimmung der Betroffenen bindet. Äußere Herrschaftsansprüche verlängern sich durch die Sinnbildungsarbeit des Geschichtsbewußtseins in die Mentalität der Beherrschten hinein. Dabei muß der legitimierende historische Sinn in einem gewissen Ausmaß den Interessen und Absichten der Beherrschten entsprechen, wenn er bei ihnen Legitimität mobilisieren können soll. Insofern folgt ein nicht geringer

Handbuch der Geschichtsdidaktik   39

Abbildung 28: Zweite Seite (Ausschnitt) aus dem Handbuchartikel „Geschichtskultur" von J. Rüsen, unterstrichen und am rechten Rand kommentiert

dass unsere drei Begriffe aus dem ersten Text, „ästhetische", „politische" und „kognitive" Dimension der Geschichtskultur, hier ebenfalls kursiv sind. Wenn wir nur die kursiven Wörter im ganzen Text lesen, stellen wir fest, dass die drei „Dimensionen" zum ersten Mal auf der dritten Seite vorkommen und dort alle zusammen in einem Satz direkt hintereinander. Ohne sonst etwas gelesen zu haben, können wir also hang anthropologisch fundiert, nämlich in den elementaren mentalen Operationen des Fühlens, Wollens und Denkens. In den ästhetischen Bereich fallen u. a. Denkmäler, Museen, historische Werke der bildenden Kunst, der Literatur und des Films, aber auch die Historiographie (als eigene literarische Gattung) und die Formen mündlichen historischen Erzählens. Hier geht es einmal um eine spezifische Wahrnehmungsqualität der Vergangenheit, um ihre Faszinationskraft, ihre Erinnerungswürdigkeit; ferner geht es um die Imagination vergangener Lebenswelten und ihrer Veränderung und dann vor allem um die Darstellung, mit der die Vergangenheit die Züge gegenwärtigen menschlichen Lebens annimmt oder zumindest in die wirksamen Triebkräfte der Handlungsorientierung integriert werden kann. Die Ästhetik der Geschichtskultur folgt eigenen Gesichtspunkten, Direktiven und Regeln. Sie bestimmen die Rezeptionsfähigkeit vergegenwärtigter Vergangenheit, die Wahrnehmbarkeit der Geschichte im Erfahrungshorizont der Gegenwart und ihre Eingängigkeit in die Sinnbestimmungen aktuellen Handelns und Leidens. In den politischen Bereich fallen Herrschergenealogien, öffentliche Gedenktage, staatlich organisierter Geschichtsunterricht, historische Argumente im politischen Mei-

Kasten 1 = Signalwort für Beispiele

Kasten 2 = **Signalwort** für Erklärung Teil 1: Es geht um die Wahrnehmung der Erinnerung an die Vergangenheit.

Kasten 3 = Signalwort für Erklärung Teil 2: Es geht auch um die Vorstellung von Vergangenheit und...

Kasten 4 = Signalwort für Erklärung Teil 3: ...die Darstellung von Vergangenheit.

Abbildung 29: Zweite Seite (Ausschnitt) aus dem Handbuchartikel „Geschichtskultur" von J. Rüsen, unterstrichen, eingerahmt und am rechten Rand kommentiert

ziemlich sicher annehmen, dass die drei Begriffe auf der dritten Seite zum ersten Mal vorgestellt werden.

Wie hoch stehen nun die Chancen, dass Argumente für unsere These auf den ersten drei Seiten, also vor den Begriffen stehen? Dazu fragen wir uns: Was war nochmal unsere These? Ein Blick in unsere Notizen sagt:

Das Konzept Geschichtskultur erklärt, wie unser aller Geschichtsbewusstsein zusammengenommen in verschiedenen Dimensionen der Kultur erfahr- und deutbar wird. Die Geschichtskultur erklärt also so etwas wie „den Sitz des Geschichtsbewusstseins im Leben". (Jörn Rüsen, Handbuch, S. 38)

Aha: In der These sind schon die „verschiedenen Dimensionen" (also die drei Begriffe) enthalten. Von den dreien wird aber auf der dritten Seite zum ersten Mal gesprochen. Also ist es ziemlich unwahrscheinlich, auf den ersten drei Seiten Argumente für die These zu finden. Nicht schlecht: Wir haben 10 Sekunden nachgedacht und damit drei Seiten Leseaufwand gespart.

Es bleiben noch die Seiten 3 bis 7. Hier wollen wir zunächst auch wieder: Orientierung. Schauen wir also wieder nach kursiv gesetzten Wörtern. Ein paar Zeilen unter dem Abschnitt, von dem ich eben gesprochen habe, finden wir „ästhetische Dimension": Abb. 30.

Und ziemlich genau eine Seite weiter finden wir einen Absatz, an dessen Anfang in ähnlicher Weise „politische Dimension" steht. Daraus können wir ableiten: Ab dem 1. Absatz in Abb. 30 beginnt im Text gleichzeitig ein ganzer Teil, in dem die drei Dimensionen näher erklärt werden. Und weiter können wir annehmen: Da die These sich auf die drei Dimensionen zusammen bezieht (denn zusammen bilden sie ja die Geschichtskultur), werden Argumente für die These wahrscheinlich auch nicht mitten in den Begriffserklärungen auftauchen.

Aufgrund dieser Vermutung blättern wir weiter und überfliegen den Text auf der Suche nach kursiv gesetzten Wörtern. Auf der fünften Seite finden wir „kognitive Dimension" und wissen: Hier wird der letzte der drei Begriffe erklärt. Und wir wissen

und im Blick auf diese Ausdifferenzierung Einseitigkeiten in der Thematisierung der Er-
innerungsleistung des Geschichtsbewußtseins sichtbar und überwindbar macht. Ich schlage
vor, die Sinnbildungsleistung des Geschichtsbewußtseins in den drei Dimensionen des
Ästhetischen, des *Politischen* und des *Kognitiven* zu thematisieren. In jeder von ihnen stellen
sich die Prozeduren, Faktoren und Funktionen der historischen Erinnerung komplexer dar
als in der heutzutage üblichen Rede von Geschichte als Erinnerung und Gedächtnis.
Der Phänomenbestand der Geschichtskultur gewinnt mit dieser Unterscheidung an Kontur.
Und erst recht gewinnt er Kontur, wenn das Wechselverhältnis zwischen diesen drei Di-
mensionen in ihrer Unterschiedlichkeit betrachtet wird.
   Es ist problematisch, die *ästhetische* Dimension der Geschichtskultur vor allem in der
Form künstlerischer Gestaltungen, wie beispielsweise historischer Romane und Dramen
auszumachen. Niemand wird bestreiten, daß solche künstlerischen Gestaltungen kulturelle
Produktionen sind, in denen Geschichte thematisiert wird. Richtet man den Blick aber
überwiegend auf Werke der Kunst, dann droht gerade dasjenige unsichtbar zu werden, was

*Abbildung 30: Dritte Seite (Ausschnitt) aus dem Artikel „Geschichtskultur: Stichworte zur
Geschichtsdidaktik" von J. Rüsen, links und rechts markiert Y.W.*

auch: Dahinter könnte ein Argument für die These folgen. Wir lesen den Abschnitt
danach also schnell:

mit denen sie die Vergangenheit als ihre eigene vergegenwärtigen.
   Die *kognitive* Dimension der Geschichtskultur wird in modernen Gesellschaften vor-
nehmlich durch die historischen Wissenschaften realisiert. Sie stehen mit ihrer methodischen
Regulierung der Wahrnehmungs-, Deutungs- und Orientierungsleistung des Geschichtsbewußtseins für das Prinzip ein, das seine kognitiven Operationen reguliert: Es handelt sich
um das Prinzip einer inhaltlichen Kohärenz, das die Verläßlichkeit der historischen Erfahrung und die Reichweite der Normen betrifft, die zu ihrer Deutung verwendet werden.
(Landläufig könnte man von Wahrheit sprechen.) Da die kognitiven Mechanismen der Er-
innerungsarbeit des Geschichtsbewußtseins in der einschlägigen Literatur über Grundlagen
der Geschichtswissenschaft und die Geltungsansprüche der von ihr forschend produzierten
historischen Erkenntnisse eingehend diskutiert worden sind, mag der Hinweis darauf ge-
nügen, daß das historische Wissen, mit dem das Geschichtsbewußtsein in der Erfüllung
seiner kulturellen Funktionen operiert, seinen eigenen, spezifisch kognitiven Status hat und
daß dieser Status durch methodische Operationen der Geltungssicherung geprägt ist.
   Die Unterscheidung zwischen Kunst, Politik und Wissenschaft als drei Bereichen der
Geschichtskultur entspricht nicht nur augenfälligen Unterschieden in der inneren Logik und
der praktischen Funktion der historischen Erinnerung, wie sie in modernen Gesellschaften
faktisch auftritt. Ihre Heuristik ist nicht nur durch eine Zeitgenossenschaft der Modernität
geprägt. Sie hat auch eine anthropologische Basis, läßt sie sich doch zwanglos auf die drei

Erklärung „kognitive Dimension" bis hier

Aha...ab hier beginnt scheinbar der Teil,
der die 3 Begriffe zusammen behandelt.
Der sollte wichtig sein.

*Abbildung 31: Fünfte Seite (Ausschnitt) aus dem Artikel „Geschichtskultur: Stichworte zur
Geschichtsdidaktik" von J. Rüsen, links markiert, unterstrichen und am rechten Rand kommentiert*

So bemerken wir, dass gleich nach dem Absatz zur „kognitiven Dimension" ein
Teil beginnt, der sich wieder mit allen drei Begriffen, die in der These vorkommen,
beschäftigt. Vielleicht gibt es hier auch Argumente. Also: Abschnitt schnell lesen.

Dabei stellen wir fest, dass mehrmals das Wort „These" vorkommt. Es könnte also
sein, dass hier die These des Textes steht. Da wir aber bereits auf Seite 6 von 10 sind,
wäre das ungewöhnlich spät. Also geht es hier höchstwahrscheinlich um Argumente
zur These. Deshalb lesen wir die beiden Abschnitte genauer.

Zur Erinnerung: Wir suchen nach Argumenten und Argumente begründen eine
These. Deshalb enthalten sie in der Regel kausale Wörter („weil", „deswegen", „aus
diesem Grund") oder Wörter, die zwei Dinge gleichsetzen („ist gleich", „entspricht",
„ähnelt"). Mit dem Wissen geht es in den Text: Abb. 32.

Argument gefunden. Und etwas gelernt haben wir dabei auch noch: Ein Argument
(also eine Begründung) taucht selten alleine auf, sondern nennt die These oder Behauptung vor oder nach der Begründung noch einmal. Das macht auch Sinn, denn

seiner kulturellen Funktionen operiert, seinen eigenen, spezifisch kognitiven Status hat und daß dieser Status durch methodische Operationen der Geltungssicherung geprägt ist.

Die Unterscheidung zwischen Kunst, Politik und Wissenschaft als drei Bereichen der Geschichtskultur entspricht nicht nur augenfälligen Unterschieden in der inneren Logik und der praktischen Funktion der historischen Erinnerung, wie sie in modernen Gesellschaften faktisch auftritt. Ihre Heuristik ist nicht nur durch eine Zeitgenossenschaft der Modernität geprägt. Sie hat auch eine anthropologische Basis, läßt sie sich doch zwanglos auf die drei Grundmodi menschlicher Mentalität gründen, auf Gefühl, Willen und Verstand. Mit dieser anthropologischen Fundierung der drei Dimensionen läßt sich die These begründen, daß sie alle drei gleich ursprünglich sind und nicht aufeinander reduziert werden können. Sie bilden gedanklich ein Koordinatensystem, mit dem der durch die Kategorie der Geschichtskultur umschriebene Bereich mentaler Aktivität erschlossen werden kann.

(Randkommentare rechts:)
Behauptung (Dimensionen der Geschichtskultur = voneinander getrennt) + Signalwort (im Kasten) für Begründung. Allerdings eingeschränkt durch „nicht nur", also weiter...

...bis hier das eigentliche Argument steht

...und hier nochmal die Behauptung (erkennbar an „These" im Text)

Abbildung 32: Sechste Seite (Ausschnitt) aus dem Artikel „Geschichtskultur: Stichworte zur Geschichtsdidaktik" von J. Rüsen, unterstrichen, eingerahmt und am rechten Rand kommentiert

Nebensätze wie „weil es regnet" oder „entspricht zehntausend US-Dollar" sind eben nicht komplett, sondern brauchen zusätzlich einen Satzteil, der etwas behauptet („Man wird nass, weil es regnet").

Wer einen vollständigen Satz bilden will, muss These und Begründung (Argument) kombinieren. Das soll in unseren Notizen dann auch so sein.

Die Unterscheidung der Geschichtskultur in eine ästhetische, eine politische und eine kognitive Dimension [These bis hierher] ist gültig, weil diese drei Dimensionen den menschlichen Fähigkeiten von Fühlen, Wollen und Verstehen entsprechen und diese Fähigkeiten eben auch getrennt sind (sie sind „Grundmodi menschlicher Mentalität") [Argument bis hierher].

Aber was ist denn nun mit der These, die wir weiter oben herausgearbeitet haben? Eigentlich wollten wir doch dazu ein Argument finden – hier haben wir jetzt aber eine andere These vor uns?

Ja, das ist tatsächlich verwirrend und auch nicht der Regelfall. (Das liegt daran, dass der Autor im Textabschnitt ganz oben – aus dem die These ja stammt – gar keine Argumente vorgebracht hat.) In diesem Fall müssen wir die These aus dem Text weiter oben und die These-Argument-Kombination von gerade eben irgendwie zusammenstecken.

Schauen wir also nochmal auf unsere ursprüngliche These:

Das Konzept Geschichtskultur erklärt, wie unser aller Geschichtsbewusstsein zusammengenommen in verschiedenen Dimensionen der Kultur erfahr- und deutbar wird. Die Geschichtskultur erklärt also so etwas wie „den Sitz des Geschichtsbewußtseins im Leben".

Und dann nochmal auf die These von gerade eben (diesmal ohne das Argument):

Die Geschichtskultur lässt sich in eine ästhetische, eine politische und eine kognitive Dimension unterscheiden.

Wie können wir das zusammenstecken? Ziemlich einfach, denn beide Aussagen enthalten die „Dimensionen". Wir können beide Aussagen also einfach verschachteln. Unsere Notiz (mit Literaturangaben) könnte dann so aussehen:

Das Konzept Geschichtskultur erklärt, wie unser aller Geschichtsbewusstsein zusammengenommen in drei Dimensionen der Kultur erfahr- und deutbar wird. Diese drei Dimensionen – ästhetische, politische, kognitive – sind jeweils voneinander getrennt

(Jörn Rüsen, Stichworte, https://beluga.sub.unihamburg.de/vufind/Record/582620759 ?institution=GBV_ILN_22, S. 517). Durch sie erklärt die Geschichtskultur also so etwas wie „den Sitz des Geschichtsbewußtseins im Leben" (Jörn Rüsen, Handbuch, S. 38).

Das alleine macht jetzt vielleicht noch nicht so schrecklich viel Sinn. Aber ja nur, weil die Begründung fehlt, das Argument also. Und das übernehmen wir von oben (Nicht verwirren lassen: Hier steckt ein Teil der These nochmal mit drin, weil ein Argument wie gesagt immer nur als Kombination aus These und Argument formuliert werden kann.):

Die Unterscheidung der Geschichtskultur in eine ästhetische, eine politische und eine kognitive Dimension [These bis hierher] ist gültig, **weil** *diese drei Dimensionen den menschlichen Fähigkeiten von Fühlen, Wollen und Verstehen entsprechen und diese Fähigkeiten eben auch getrennt sind (sie sind „Grundmodi menschlicher Mentalität")* *[Argument bis hierher].*

Nun würden wir im Text noch nach zwei weiteren Argumenten suchen und diese notieren. Insgesamt nimmt das mit ein bisschen Übung nicht mehr als 15 Minuten in Anspruch.

Letzter Schritt: Theorie begründen

Bleibt noch eine letzte Aufgabe: Bisher haben wir erklärt, was unsere Theorie behauptet und warum sie das tut. Nun müssen wir allerdings noch begründen, warum die Theorie überhaupt zu unserem Material passt. Vielleicht wunderst du dich, dass wir uns darüber so spät Gedanken machen. Was wenn die Theorie – nach all der Analyse – gar nicht passt?

Wird nicht passieren! Es lassen sich immer Argumente dafür finden, warum Theorie X zum Material Y passt. Du musst die Argumente aber trotzdem ausdrücklich anführen, damit dein Professor die Passung nicht infrage stellt.

Und zwei „Begründungstaktiken" haben wir bisher schon erarbeitet, ohne das überhaupt zu bemerken.

1. Wenn keiner der Forschungstexte zu deinem Material auch deine Theorie verwendet, kannst du einfach sagen, dass deine Material-Theorie-Kombination noch nie da gewesen ist und du dir davon neue Erkenntnisse versprichst.

2. Wenn der Autor der Theorie diese selbst auf ein bestimmtes Material angewandt hat und dein Material diesem ähnelt, ist das auch eine ziemlich wasserdichte Begründung. Wenn wir zum Beispiel Statistiken zur sozialen Herkunft von Konzernmanagern als Material gewählt haben und Bourdieus Habitustheorie darauf anwenden möchten, könnten wir begründen, dass Bourdieu diese Theorie selbst einmal angewandt hat, um den Kunstgeschmack von Menschen aus verschiedenen Schichten zu erklären.

Bei alledem ist wichtig, dass du keinesfalls mit dem Anspruch auftrittst, die perfekte Begründung zu haben. Denn es gibt immer Gegenargumente. Also versuchen wir einen Grund (nicht den einen) zu finden. Er könnte in unserem Beispiel so notiert werden:

Als theoretische Grundlage wähle ich: Theorie der Geschichtskultur von Jörn Rüsen, weil mein Material eine Unterrichtsstunde in Geschichte aus der 12. Klasse ist, in der es um den Tansania-Park in Hamburg geht. Das ist ein Gedenkort für den Kolonialismus, um den seit Jahren auf politischer Ebene gestritten wird. Deshalb ist der Park zurzeit für Besucher aus der Bevölkerung gesperrt. Da stellt sich die Frage: Ist es in Ordnung, dass der Gesellschaft der Besuch des Parks verwehrt wird? Diese Frage betrifft den gemeinsamen Umgang mit Geschichte in einer Gesellschaft. Und um diesen gemeinsamen Umgang mit Geschichte zu analysieren, dazu dient das Konzept der „Geschichtskultur."

Damit haben wir in unseren beiden Texten die These, drei Argumente für die These und eine Begründung zur Passung von Material und Theorie gefunden und notiert. Schritt 4 ist damit abgehakt.

Dauer Schritt 4:
0:30h (2 Texte finden) + **1:00** (2 Texte analysieren à 30 Minuten)

Schritt 5: Methodentexte finden und analysieren

Geisteswissenschaftler dürfen diesen Schritt überspringen!
Wenn du gerade eine geisteswissenschaftliche Arbeit schreibst, hast du Glück: In den meisten Fällen (in der Philosophie, der Geschichtswissenschaft und den Literaturwissenschaften etc.) brauchst du keine Methodentexte. Für dich geht es also weiter mit Schritt 6.

Sozialwissenschaftler können sich trotzdem viel Arbeit sparen
Im Fall einer sozialwissenschaftlichen Arbeit (aus der Soziologie, aus der Politikwissenschaft, aus der BWL, der Linguistik etc.) geht leider kein Weg an einem Methodentext vorbei. Wenn du dich bei der Wahl deiner wissenschaftlichen Arbeiten aber geschickt anstellst, kannst du dir trotzdem viel Arbeit ersparen:
Wenn du nämlich einmal eine Methode in einer wissenschaftlichen Arbeit verwendet und einen guten Erklärungsteil dazu geschrieben hast, kannst du den immer wieder verwenden. Es lohnt sich also, bei deiner nächsten wissenschaftlichen Arbeit darüber nachzudenken, ob eine Methode, die du schon einmal verwendet hast, auch zu dem neuen Material passt. Wenn ja, kannst du ca. drei Seiten der wissenschaftlichen Arbeit einfach kopieren.

Den Methodentext finden

Anders als bei der Theorie gibt es meist nur das eine Methodenbuch von Autor X zur Methode Y (dafür aber in vielen verschiedenen Auflagen; davon nimm wenn möglich die neueste). Welches das ist, solltest du von deinem Dozenten im Gespräch erfahren haben (Schritt 3). Wenn du Glück hast, ist das empfohlene Methodenbuch relativ kurz. Wenn nicht, kann das Buch durchaus 100 Seiten und mehr haben. Aber egal ob lang oder kurz: Ich zeige dir in diesem Schritt, wie du den Text nach ca. einer Stunde weglegen kannst und ihn nie wieder anfassen musst (auch nicht für zukünftige wissenschaftlichen Arbeiten).

Wonach im Methodentext suchen?

Dein Ziel ist es, deinem Professor die Methode (a) zu erklären und (b) zu begründen, warum du sie gewählt hast.

Und die Erklärung sagt zunächst einmal:

1. für welches Material sich die Methode eignet,
2. auf welchen Endzustand die Methode hinführt und
3. welche Arbeitsschritte am Material mit dieser Methode durchgeführt werden.

Die drei Elemente im Methodenbuch finden

Wie du Texte effizient durchsuchst, haben wir nun schon mehrmals durchgespielt. Um den Leseaufwand möglichst klein zu halten, geht es immer darum, sich Orientierung zu verschaffen, die wichtigen Textstellen zu identifizieren und nur diese Textstellen im Detail zu lesen.

Dies ist für Methodentexte ganz besonders wichtig, weil du da in der Regel ein ganzes Buch und nicht nur einen Artikel vor dir hast. Wie du aber auch so eine Flut an Text schnell bewältigt bekommst, schauen wir uns nun am Beispiel des Methodenbuches zur qualitativen Inhaltsanalyse nach Philipp Mayring an. (Meiner Erfahrung nach ist dies die meistgenutzte Methode für sozial- und wirtschaftswissenschaftliche Abschlussarbeiten.)

Beispiel: Die qualitative Inhaltsanalyse nach Mayring erklären

Das erste Element, nach dem wir suchen, ist, wie gesagt, eine Aussage darüber, für welches Material sich diese Methode eignet. Zugegeben: Das weißt du eigentlich schon, denn du hast deinen Dozenten in Schritt 3 ja nach einer passenden Methode für dein konkretes Material gefragt. In der wissenschaftlichen Arbeit kannst du aber nicht einfach schreiben: „Prof. Müller hat gesagt, dass sich die qualitative Inhaltsanalyse für Interviews eignet." Das musst du schon mit einem wissenschaftlichen Textzitat belegen. Glücklicherweise dauert das nicht länger als fünf Minuten.

Frage 1: Für welches Material eignet sich die Methode?

Wir schauen zuerst ins Inhaltsverzeichnis:

Abbildung 33: Inhaltsverzeichnis aus dem Methodenbuch „Qualitative Inhaltsanalyse" von Ph. Mayring

Wo wird hier etwas über das Material für die qualitative Inhaltsanalyse gesagt? Zuerst konzentrieren wir uns nur auf die Kapitel 1 bis 7. Daraus leiten wir ab: Die Kapitel 2 bis 4 beschäftigen sich mit der theoretischen Begründung und Herleitung der qualitativen Inhaltsanalyse – das interessiert uns nicht. Kapitel 5 hingegen scheint schon eher etwas für uns zu sein: Dort wird scheinbar die Technik der Inhaltsanalyse erklärt. Wir schauen also auf die Unterkapitel von 5.

Und weil wir wissen wollen, für welches Material sich die Inhaltsanalyse eignet, dürften genau die zwei Unterkapitel relevant sein, die nämlich das Wort „Material" enthalten (5.1 und 5.2). Schauen wir zuerst „Vorstellung des Beispielmaterials" an:

5.1 Vorstellung des Beispielmaterials

Im Rahmen des DFG-Projektes »Kognitive Kontrolle in Krisensituationen: Arbeitslosigkeit bei Lehrern« (Ulich et al. 1985) wurden <u>offene Interviews</u> mit arbeitslosen Lehrern durchgeführt. Wie erlebt der Einzelne diese Situation, welche Belastungen verspürt er in welchen Bereichen, wie schätzt er seine Situation ein, wie verarbeitet er sie, und welche Bewältigungsversuche unternimmt er? Diese Fragen wurden an einer Stichprobe von 75 arbeitslosen Lehrern zu beantworten versucht, die über ein Jahr hinweg jeweils siebenmal interviewt werden. Die Belastungs-, Verarbeitungs- und Bewältigungsverläufe sollten auch in Bezug auf die bisherigen biografischen Erfahrungen des Einzelnen rekonstruiert werden. Hier werden auch Fragen gestellt über den Auszug von zu Hause, die ersten Berufserfahrungen als Lehrer während der praktischen Ausbildungsphase, des Referendariates und über die Erfahrungen mit der Abschlussprüfung, dem Zweiten Staatsexamen. <u>Die Interviews wurden mit Tonband aufgenommen und dann in maschinengeschriebene Form transkribiert.</u> Diese Protokolle haben einen Umfang von über 20 000 Seiten und wurden mit inhaltsanalytischen Verfahren ausgewertet. Aus dem Interviewteil über das Referendariat sollen nun vier Beispiele herangezogen werden, die als Anhang beigefügt sind.

Abbildung 34: Kapitel 5.1 (Ausschnitt) aus Mayrings „Inhaltsanalyse", unterstrichen Y.W.

Und hier finden wir, was wir eigentlich schon wissen, aber noch nicht mit einer Quellenangabe belegen konnten:

Die qualitative Inhaltsanalyse eignet sich zur Auswertung von mündlich durchgeführten und dann transkribierten Interviews (Mayring, Philipp. Qualitative Inhaltsanalyse, https://beluga.sub.uni-hamburg.de/vufind/Record/211134546?institution=GBV_ILN_22, S. 52).

Das ist gleichzeitig unsere Notiz zum ersten Element unserer Erklärung.

Da die Notiz aber noch ein bisschen dürftig ist und die Suche bisher nur ca. eine Minute in Anspruch genommen hat, schauen wir noch in das andere Unterkapitel, das auch „Material", und zwar „Bestimmung des Ausgangsmaterials", im Titel hat.

Und in diesem Abschnitt finden wir beim Überfliegen das Wort „Interview" unter Punkt 3 – deshalb lesen wir diesen Absatz genauer. Dort erfahren wir:

3. *Formale Charakteristika des Materials*

Schließlich muss beschrieben werden, in welcher Form das Material vorliegt. In aller Regel benötigt die Inhaltsanalyse als Grundlage einen niedergeschriebenen Text. Dieser Text muss aber nicht vom Autor selbst verfasst sein. Oft werden in den der Analyse zugrunde gelegten »Basistext« weitere Informationen mit aufgenommen. Dies ist vor allem bei gesprochener Sprache üblich, wenn z.B. bei Interviews oder Gruppendiskussionen oft auch Beobachtungsdaten in das Protokoll aufgenommen werden. Die gesprochene Sprache, meist auf Tonband aufgenommen, muss zu einem geschriebenen Text *transkribiert* werden. Dafür gibt es verschiedene Transkriptionsmodelle (Ehlich/Switalla 1976), die das Urmaterial bereits erheblich verändern können. Diese Protokollierungsregeln müssen genau festgelegt sein.

Diese drei Schritte sollen nun am Beispielmaterial verdeutlicht werden.

Abbildung 35: Kapitel 5.2 (Ausschnitt) aus Mayrings „Inhaltsanalyse", unterstrichen

Die qualitative Inhaltsanalyse dient zur Auswertung geschriebener Texte – insbesondere Interviews und Gruppendiskussionen, welche auf Tonband aufgenommen und anschließend nach bestimmten Regeln transkribiert werden. (Mayring, Qualitative Inhaltsanalyse, S. 53)

Wenn unsere erste Notiz zusätzliche Informationen enthalten würde, könnten wir beide Notizen zusammenfassen. Da das hier aber nicht der Fall ist, belassen wir es einfach bei dieser zweiten Notiz (weil ausführlicher). Frage 1 unserer Erklärung ist also schon abgehakt!

Frage 2: Auf welchen Endzustand führt die Methode hin?

Um den dafür wichtigen Textteil zu identifizieren, schauen wir wieder in das Inhaltsverzeichnis (Abb. 33):

Wir hatten schon erkannt, dass Kapitel 5 für uns wichtig ist. In den Unterkapiteln suchen wir nun nach dem Wort „Endzustand" oder „Ziel". Weil wir dabei leider leer ausgehen, lesen wir alle Überschriften unter 5. und suchen nach etwas, dass so ähnlich klingt. Kann der Endzustand eine „Fragestellung" (5.3.) sein? Oder ein „Ablaufmodell" (5.4.)? Eher nicht. Kann der Endzustand dagegen eine „Interpretation" sein (5.5.1)? Möglicherweise. Also springen wir versuchsweise in diesen Abschnitt.

Da wir aber nicht sicher wissen, ob wir hier richtig sind, und der Abschnitt mit drei Seiten zu lang ist, um ihn ganz zu lesen, überfliegen wir den Text und suchen wieder nach den Wörtern „Endzustand" oder „Ziel". Auf der zweiten Seite des Abschnitts werden wir fündig:

Zusammenfassung: Ziel der Analyse ist es, das Material so zu reduzieren, dass die wesentlichen Inhalte erhalten bleiben, durch Abstraktion einen überschaubaren Corpus zu schaffen, der immer noch Abbild des Grundmaterials ist.

Explikation: Ziel der Analyse ist es, zu einzelnen fraglichen Textteilen (Begriffen, Sätzen, …) zusätzliches Material heranzutragen, das das Verständnis erweitert, das die Textstelle erläutert, erklärt, ausdeutet.

Strukturierung: Ziel der Analyse ist es, bestimmte Aspekte aus dem Material herauszufiltern, unter vorher festgelegten Ordnungskriterien einen Querschnitt durch das Material zu legen oder das Material aufgrund bestimmter Kriterien einzuschätzen.

Abbildung 36: Kapitel 5.5.1 (Ausschnitt) aus Mayrings „Inhaltsanalyse" („Interpretation"), unterstrichen

Gleich drei Ziele auf einmal? Was ist da los?

Dazu lesen wir den Absatz davor. Dort erfahren wir, dass es bei der qualitativen Inhaltsanalyse „drei Grundformen des Interpretierens" gibt: „Zusammenfassung", „Explikation" und „Strukturierung". Und wenn wir nochmal ins Inhaltsverzeichnis (Abb. 33) schauen, stellen wir fest, dass es zu jeder dieser Grundformen ein eigenes Anleitungskapitel gibt (nämlich: 5.5.2, 5.5.3 und 5.5.4). Das heißt: Wir können uns jetzt für eine Grundform entscheiden und müssen dann nur deren Ziel und deren Analyseschritte notieren.

Was also wollen wir mit unserem Material tun? Es „so reduzieren, dass die wesentlichen Inhalte erhalten bleiben" (Zusammenfassung) oder „zu einzelnen fraglichen Textteilen zusätzliches Material herantragen, das das Verständnis erweitert" (Explikation) oder „einen Querschnitt durch das Material legen" (Strukturierung)?

Die Antwort hängt natürlich von unserem Material ab. Nehmen wir an, **das Material bestünde aus zehn Interviews mit Mitarbeitern eines Automobilzulieferers und es ginge um deren Unternehmenskultur. Jedes Interview dauert ca. eine Stunde und besteht aus 8 bis 10 Seiten Text – viel zu viel also, um jede Aussage in der Arbeit zu diskutieren. Gleichzeitig zielen alle Fragen auf das Thema Unternehmenskultur ab, sodass in jeder Aussage ein wertvoller Beitrag zu unserem Thema stecken könnte. Um der Flut an Material Herr zu werden, wäre es nicht sinnvoll, noch mehr Material heranzutragen (Explikation). Da jede Aussage relevant, aber trotzdem einzigartig sein könnte, hilft es uns auch nicht, „einen Querschnitt durch das Material zu legen" (Strukturierung). Uns hilft nur eine Zusammenfassung.** Damit ist unsere Entscheidung getroffen und auch unsere Frage 2 beantwortet.

Gleichzeitig haben wir aber auch schon eine wunderbare Begründung dafür, warum wir diese Methode bzw. diese Grundform der Methode wählen. Und die Begründung war neben der Erklärung der Methode ja unser zweites Ziel mit Blick auf den Methodentext. Und weil die Erklärung des Endzustands so eng mit der Begründung der Methode verknüpft ist, notieren wir beides in einem. Unsere Notiz zur Frage 2 und zur Begründung könnte also lauten (mein Kommentar dazu in eckigen Klammern):

Die qualitative Inhaltsanalyse wird in drei Grundformen unterschieden: Zusammenfassung, Explikation und Strukturierung. Diese Grundformen dienen dazu, das Material entweder „so zu reduzieren, dass die wesentlichen Inhalte erhalten bleiben" (Zusammenfassung) oder „das Verständnis des Materials durch Herantragen von zusätzlichen Texten zu erweitern" (Explikation) oder „einen Querschnitt durch das Material zu legen" (Strukturierung). (Mayring, Qualitative Inhaltsanalyse, S. 65)

[Bis hierher ist das Erklärung; jetzt folgt die Begründung.]

Unser Material besteht aus zehn Interviews mit Mitarbeitern eines Automobilzulieferers ... [hier fügen wir den kompletten Begründungsabsatz ein, den wir oben fett hervorgehoben haben. Fertig! Und das Ganze hat nicht mal 15 Minuten gedauert.

Frage 3: Welche Arbeitsschritte sind am Material durchzuführen?

Nun geht es nur noch darum zu erklären, in welchen Schritten die Methode angewandt wird. Und da wir das selbst noch nicht wissen, müssen wir es erst einmal herausfinden. Was wir schon wissen, ist, dass uns das Kapitel 5.5.2 zur „zusammenfassenden Inhaltsanalyse" die notwendigen Informationen geben wird. Und aus dem Inhaltsverzeichnis (Abb. 33) sehen wir auch, dass die Beschreibung der zusammenfassenden Inhaltsanalyse nur drei Seiten in Anspruch nimmt – auf den restlichen zwölf Seiten wird ein Beispiel behandelt.

Bevor wir aber die drei relevanten Seiten komplett lesen, wollen wir uns wieder – wie immer – zuerst Orientierung verschaffen. Dazu blättern wir die drei Seiten durch und siehe da: Die zweite Seite zeigt dankenswerterweise gleich dieses Schaubild: Abb. 37.

Schaubilder kommen fast in jedem Methodenbuch vor und sind Gold wert, weil sie die komplette Methode – deren Erklärung mehrere Seiten einnimmt – auf einen Blick darstellen. Und das Schaubild können wir zugleich genau so in unserer wissenschaftlichen Arbeit einbauen. Wir machen einen Screenshot, fügen den in unsere Notizen ein und vermerken dahinter: *(Mayring, Qualitative Inhaltsanalyse, S. 68).*

Mit dem Screenshot einer Grafik allein kommen wir allerdings nicht davon. Und außerdem wissen wir ja noch gar nicht, was bspw. mit „Bestimmung der Analyseeinheiten" in dem Schaubild überhaupt gemeint ist. Wir wissen aber, nach welchen Wörtern wir auf der folgenden Seite suchen müssen („Analyseeinheiten", „Paraphrasierung", „Bestimmung des Abstraktionsniveaus", „Generalisierung" etc.): Abb. 38.

Die Unterstreichungen zeigen dir, dass sich die Schritte aus dem Schaubild unter genau dem gleichen Namen im Text wiederfinden. So können wir uns zu jedem Schritt eine kurze Erklärung notieren (alle Notizen kommen aus dem einen Textabschnitt hier oben):

Im 1. Schritt der zusammenfassenden Inhaltsanalyse müssen die Analyseeinheiten bestimmt werden. [Beschrieben in Kapitel 5.4, dazu kommen wir nach diesen Notizen.]

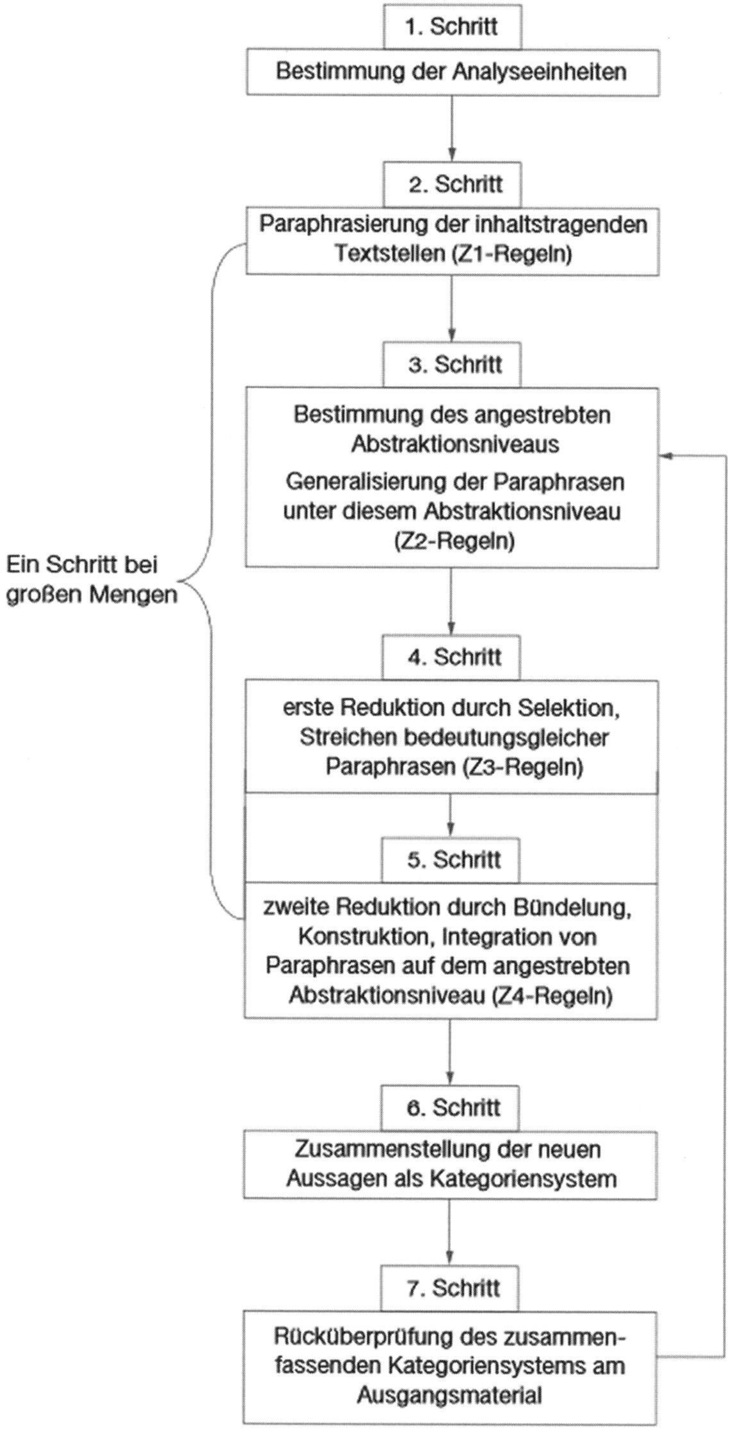

1. Schritt

Bestimmung der Analyseeinheiten

2. Schritt

Paraphrasierung der inhaltstragenden Textstellen (Z1-Regeln)

3. Schritt

Bestimmung des angestrebten Abstraktionsniveaus

Generalisierung der Paraphrasen unter diesem Abstraktionsniveau (Z2-Regeln)

Ein Schritt bei großen Mengen

4. Schritt

erste Reduktion durch Selektion, Streichen bedeutungsgleicher Paraphrasen (Z3-Regeln)

5. Schritt

zweite Reduktion durch Bündelung, Konstruktion, Integration von Paraphrasen auf dem angestrebten Abstraktionsniveau (Z4-Regeln)

6. Schritt

Zusammenstellung der neuen Aussagen als Kategoriensystem

7. Schritt

Rücküberprüfung des zusammenfassenden Kategoriensystems am Ausgangsmaterial

Abb. 10: Ablaufmodell zusammenfassender Inhaltsanalyse

Abbildung 37: Kapitel 5.5.2 (Ausschnitt) aus Mayrings „Inhaltsanalyse", Schaubild zum Ablauf

5.5 Spezielle qualitative Techniken **69**

Nachdem in den ersten Schritten der Analyse das Material genau beschrieben und durch die Fragestellung festgelegt wurde, was zusammengefasst werden soll, müssen also die <u>Analyseeinheiten bestimmt</u> werden (vgl. Kap. 5.4).

Die einzelnen Kodiereinheiten werden nun in eine knappe, nur auf den Inhalt beschränkte, beschreibende Form umgeschrieben <u>(Paraphrasierung)</u>. Dabei werden bereits nicht inhaltstragende (ausschmückende) Textbestandteile fallen gelassen. Die Paraphrasen sollen auf einer einheitlichen Sprachebene formuliert sein, was vor allem bei mehreren Sprechern (z.B. Gruppendiskussion) wichtig ist. Schließlich sollen sie in einer grammatikalischen Kurzform stehen (z.B. »Ja wissen Sie, ich hab' ja eigentlich keine Belastung im Großen und Ganzen damals gespürt.« wird zu »keine Belastung gespürt«) (vgl. die Z1-Regeln auf der nächsten Seite). Handelt es sich um überschaubare Materialmengen, so werden diese Paraphrasen herausgeschrieben; wäre das zu aufwendig, so werden die nächsten beiden Analyseschritte gleich mit vollzogen.

Im nächsten Schritt wird das <u>Abstraktionsniveau der ersten Reduktion bestimmt</u> aufgrund des vorliegenden Materials. Alle Paraphrasen, die unter dem Niveau liegen, müssen nun verallgemeinert werden (Makrooperator <u>Generalisation)</u>. An dieser Stelle, wie auch bei den weiteren Reduktionsschritten, müssen bei Zweifelsfällen theoretische Vorannahmen zu Hilfe genommen werden. Paraphrasen, die über dem Abstraktionsniveau liegen, werden zunächst belassen (vgl. Z2-Regeln). Dadurch entstehen einige inhaltsgleiche Paraphrasen, die nun gestrichen werden können. Ebenso können unwichtige und nichtssagende Paraphrasen weggelassen werden (Makrooperatoren <u>Auslassen und Selektion) (vgl. Z3-Regeln).</u> In einem zweiten Reduzierungsschritt werden nun mehrere, sich aufeinander beziehende und oft über das Material verstreute Paraphrasen zusammengefasst und durch eine neue Aussage wiedergegeben (Makrooperatoren <u>Bündelung, Konstruktion, Integration (vgl. Z4-Regeln).</u>

Am Ende dieser Reduktionsphase muss genau überprüft werden, ob die als <u>Kategoriensystem zusammengestellten</u> neuen Aussagen das Ausgangsmaterial noch repräsentieren. Alle ursprünglichen Paraphrasen des ersten Materialdurchganges müssen im Kategoriensystem aufgehen. Noch gründlicher ist natürlich eine <u>Rücküberprüfung der Zusammenfassung</u> am Ausgangsmaterial selbst. Damit ist der erste Durchlauf der Zusammenfassung abgeschlossen.

Abbildung 38: Kapitel 5.5.1 (Ausschnitt) aus Mayrings „Inhaltsanalyse", Ablauf in Textform erklärt, Unterstreichungen kennzeichnen die einzelnen Schritte aus dem Schaubild

Im 2. Schritt werden die Aussagen paraphrasiert, d.h. sie werden in „eine knappe, nur auf den Inhalt beschränkte, beschreibende Form umgeschrieben" (Mayring, Qualitative Inhaltsanalyse, S. 69). Dabei werden ausschmückende Textbestandteile, die keinen Inhalt haben, weggelassen. Schließlich sollen die Aussagen in einer Kurzform festgehalten werden: z.B. „Ja wissen Sie, ich hab' da eigentlich keine Belastung im großen und ganzen damals gespürt" wird zu „keine Belastung gespürt" (Mayring, Qualita-

tive Inhaltsanalyse, S. 69). Dabei gelten die sogenannten „Z1-Regeln" [mehr dazu nach diesen Notizen].

3. Schritt: Man schaut sich die bisher gesammelten Aussagen an und bestimmt auf deren Grundlage ein „Abstraktionsniveau" (Mayring, Qualitative Inhaltsanalyse, S. 69). Alle Aussagen, die unter diesem Niveau liegen, werden nun nach Z2-Regeln allgemeiner formuliert.

4. Schritt: Die Paraphrasen, die nun „inhaltsgleich" sind, können gestrichen werden und „unwichtige und nichtssagende Passagen" können weggelassen werden (Mayring, Qualitative Inhaltsanalyse, S. 69). Das geschieht nach den Z3-Regeln.

Im 5. Schritt werden mehrere Aussagen, die sich aufeinander beziehen – diese können über das ganze Material verstreut sein – durch eine neue Aussage wiedergegeben. Hier gelten die Z4-Regeln.

6. Schritt: Die Aussagen, die wir bis jetzt erhalten haben, werden zusammengestellt. Damit haben wir ein „Kategoriensystem" (Mayring, Qualitative Inhaltsanalyse, S. 69).

Im 7. und letzten Schritt wird überprüft, ob das Kategoriensystem – also die Zusammenfassung – das Ursprungsmaterial noch repräsentiert. Das heißt, es wird überprüft, ob sich die Paraphrasen vom Anfang alle im Kategoriensystem wiederfinden lassen.

Auch das sollte nicht länger als 15 Minuten dauern. Wenn du danach noch nicht genau weißt, wie du die Methode später tatsächlich auf dein Material anwendest, ist das gar kein Problem. Denn unserer Erklärung kann man nicht ansehen, ob wir die Methode anwenden können oder nicht, sondern eben nur, ob wir sie erklären können. Und dazu brauchen wir nichts weiter als das, was wir gerade getan haben: die Erklärungsanweisungen aus dem Methodenbuch wiederzugeben. (Die Anwendung folgt hier in diesem Buch in Schritt 7.)

Was unserer Erklärung aber anzusehen ist, sind die Verweise in eckigen Klammern, die zunächst keinen Sinn machen: der Verweis auf Kapitel 5.4. im 1. Schritt unserer Notizen sowie die mehrmaligen Verweise auf die ominösen „Z-Regeln".

Um die Notiz zum 1. Schritt zu vervollständigen, müssen wir also in Kapitel 5.4. schauen. Dort suchen wir nach einer Erklärung dafür, wie man „Analyseeinheiten bestimmt":

Und der relevante Abschnitt dazu ragt so sehr heraus, dass wir ihn gar nicht übersehen können (Aufzählungspunkte in Abb. 39).

Dort erfahren wir, dass es drei Arten von Analyseeinheiten gibt und was sie jeweils festlegen. Wir ergänzen in der Notiz zum 1. Schritt:

Es müssen drei Analyseeinheiten festgelegt werden: 1. Die „Kodiereinheit", die den kleinsten Materialbestandteil bestimmt, der ausgewertet werden darf. 2. Die „Kontexteinheit" für den größten Materialbestandteil der Auswertung. 3. Die „Auswertungseinheit", die bestimmt, welche Textteile nacheinander ausgewertet werden (Mayring, Qualitative Inhaltsanalyse, S. 59).

Das finde ich noch ziemlich abstrakt. Ein Beispiel wäre ideal. Und wenn wir eine Seite weiterblättern, finden wir tatsächlich die Beschreibung eines Beispiels in Form eines Schaubilds. Und in dem Kasten, in dem ich unseren Suchbegriff unterstrichen habe, findet sich jeweils ein Beispiel für die drei Arten von Analyseeinheiten: Abb. 40 .

Das Ablaufmodell der Analyse muss zwar im konkreten Fall an das jeweilige Material und die jeweilige Fragestellung angepasst werden, es lässt sich jedoch ein allgemeines Modell zur Orientierung aufstellen. In diesem Modell werden die bisher besprochenen fünf Analyseschritte am Anfang stehen. Dann folgt die Festlegung des Ablaufmodells und der konkreten Analysetechnik(en), auf die der nächste Punkt eingehen wird. Dabei werden zunächst, um die Präzision der Inhaltsanalyse zu erhöhen, *Analyseeinheiten* festgelegt:

- Die *Kodiereinheit* legt fest, welches der kleinste Materialbestandteil ist, der ausgewertet werden darf, was der minimale Textteil ist, der unter eine Kategorie fallen kann.
- Die *Kontexteinheit* legt den größten Textbestandteil fest, der unter eine Kategorie fallen kann.
- Die *Auswertungseinheit* legt fest, welche Textteile jeweils nacheinander ausgewertet werden.

Vor allem für quantitative Analyseschritte ist die Definition dieser Einheiten wichtig. Die speziellen Techniken sind wiederum in einzelne Analyseschritte untergliedert.

Im Zentrum steht dabei immer die Entwicklung eines *Kategoriensystems*. Diese Kategorien werden in einem Wechselverhältnis zwischen der Theorie (der Fragestellung) und dem konkreten Material entwickelt, durch Konstruktions- und Zuordnungsregeln definiert und während der Analyse überarbeitet und *rücküberprüft*. In die einzelnen Techniken können auch quantitative Analyseschritte eingebaut werden. Schließlich werden die Ergebnisse in Richtung der Hauptfragestellung interpretiert und die Aussagekraft der Analyse anhand der inhaltsanalytischen Gütekriterien eingeschätzt.

Daraus ergibt sich nun folgendes allgemeines Ablaufmodell (Abb. 8):

Abbildung 39: Kapitel 5.4 (Ausschnitt) aus Mayrings „Inhaltsanalyse", Suchwort unterstrichen

1. Beispiel für die Kodiereinheit: eine „Proposition". Das ist – so verrät uns der Duden – nichts weiter als der Inhalt eines Satzes.

2. Beispiel für eine Kontexteinheit: ein „Fall". In dem Beispiel hier bedeutet ein Fall ein Interview mit einem Lehrer (Mayring, Kapitel 5.1).

3. Beispiel für eine Auswertungseinheit: der „jeweilige Erhebungszeitpunkt". In Mayring Kapitel 5.1 heißt es dazu, dass mit jeder interviewten Person sieben Interviews (in sieben verschiedenen Erhebungszeiträumen) durchgeführt wurden.

Mit diesen Informationen können wir uns nun mehr unter den abstrakten Erklärungen von oben vorstellen. Und wir ergänzen unsere Notizen für unsere wissenschaftliche Arbeit nun folgendermaßen (Ergänzungen fett hervorgehoben):

Es müssen drei Analyseeinheiten festgelegt werden: 1. Die „Kodiereinheit", die den kleinsten Materialbestandteil bestimmt, der ausgewertet werden darf – **in unserem Fall ist das der Inhalt eines Satzes.** *2. Die „Kontexteinheit" für den größten Materialbestandteil der Auswertung –* **für unseren Fall das Interview eines Mitarbeiters.** *3. Die*

Aus unser Beispiel ergibt sich nun folgendes Ablaufmodell:

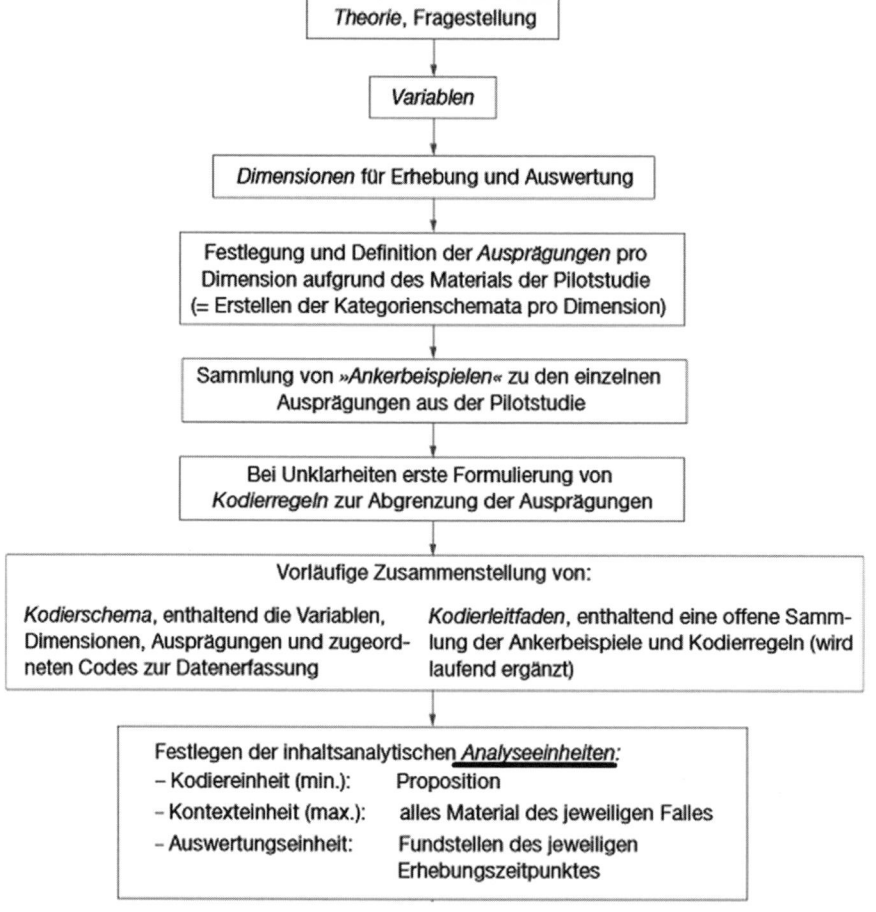

Abbildung 40: Kapitel 5.4 (Ausschnitt) aus Mayrings „Inhaltsanalyse", Schaubild, Suchwort unterstrichen

„Auswertungseinheit", die bestimmt, welche Textteile nacheinander ausgewertet wer- *den – **die ist in unserem Fall, genau wie die Kontexteinheit, ein Interview eines Mitar-*** ***beiters** (Mayring, Qualitative Inhaltsanalyse, S. 59 und S. 61).*

Damit wäre die Notiz zum 1. Schritt der qualitativen Inhaltsanalyse komplett. Fehlt nur noch die Erklärung der Verweise auf die ominösen Z-Regeln.

Wo finden wir nun eine Erklärung der „Z-Regeln? Genannt wurden sie ja bei May- ring, wo die einzelnen Schritte beschrieben waren (Abb. 37). Irgendwo um diese Sei- te herum sollten die Z-Regeln also auch näher erklärt sein. Und siehe da: Eine Seite danach finden wir eine sehr anschauliche Zusammenfassung:

Z1:   Paraphrasierung

Z1.1: Streiche alle nicht (oder wenig) inhaltstragenden Textbestandteile wie ausschmücken-de, wiederholende, verdeutlichende Wendungen!

Z1.2: Übersetze die inhaltstragenden Textstellen auf eine einheitliche Sprachebene!

Z1.3: Transformiere sie auf eine grammatikalische Kurzform!

Z2:   Generalisierung auf das Abstraktionsniveau

Z2.1: Generalisiere die Gegenstände der Paraphrasen auf die definierte Abstraktionsebene, sodass die alten Gegenstände in den neu formulierten impliziert sind!

Z2.2: Generalisiere die Satzaussagen (Prädikate) auf die gleiche Weise!

Z2.3: Belasse die Paraphrasen, die über dem angestrebten Abstraktionsniveau liegen!

Z2.4: Nimm theoretische Vorannahmen bei Zweifelsfällen zu Hilfe!

Z3:   Erste Reduktion

Z3.1: Streiche bedeutungsgleiche Paraphrasen innerhalb der Auswertungseinheiten!

Z3.2: Streiche Paraphrasen, die auf dem neuen Abstraktionsniveau nicht als wesentlich inhaltstragend erachtet werden!

Z3.3: Übernehme die Paraphrasen, die weiterhin als zentral inhaltstragend erachtet werden (Selektion)!

Z3.4: Nimm theoretische Vorannahmen bei Zweifelsfällen zu Hilfe!

Z4:   Zweite Reduktion

Z4.1: Fasse Paraphrasen mit gleichem (ähnlichem) Gegenstand und ähnlicher Aussage zu einer Paraphrase (Bündelung) zusammen!

Z4.2: Fasse Paraphrasen mit mehreren Aussagen zu einem Gegenstand zusammen (Konstruktion/Integration)!

Z4.3: Fasse Paraphrasen mit gleichem (ähnlichem) Gegenstand und verschiedener Aussage zu einer Paraphrase zusammen (Konstruktion/Integration)!

Z4.4 Nimm theoretische Vorannahmen bei Zweifelsfällen zu Hilfe!

Abbildung 41: Kapitel 5.3 (Ausschnitt) aus Mayrings „Inhaltsanalyse", Liste der Kodierregeln Z1–Z4

Diesen Überblick können wir ebenfalls als Screenshot in unsere Notizen übernehmen. Auch den sollten wir aber nicht unkommentiert in die wissenschaftliche Arbeit übernehmen. Wir entnehmen der Zusammenfassung also die notwendigen Informationen und ergänzen unsere Notizen zum 3. Schritt (Ergänzungen fett hervorgehoben):

*3. Schritt: Man schaut sich die bisher gesammelten Aussagen an und bestimmt auf deren Grundlage ein „Abstraktionsniveau" (Mayring, Qualitative Inhaltsanalyse, S. 69). Alle Aussagen, die unter diesem Niveau liegen, werden nun **allgemeiner formuliert.** **Dabei werden insbesondere: (a) die „Gegenstände der Paraphrasen" so auf das Abstraktionsniveau verallgemeinert, dass die alten Gegenstände in den neuen enthalten sind; (b) die Satzaussagen bzw. Prädikate werden ebenfalls nach Verfahren (a) verallgemeinert; (c) Paraphrasen, die über dem Abstraktionsniveau liegen, werden so belassen, wie sie sind; (d) im Zweifel werden theoretische Annahme zu Hilfe genommen** (Mayring, Qualitative Inhaltsanalyse, S. 70).*

Bleibt nur noch eins: Die anderen Z-Regeln in den Notizen zu den weiteren Schritten der qualitativen Inhaltanalyse nach Mayring zu ergänzen. Danach sind wir fertig mit unserem Methodentext. Denn wir haben nun: eine Notiz zur Frage, für welches Material sich unsere Methode eignet; eine Notiz zur Frage, auf welchen Endzustand die Methode hinführt, kombiniert mit unserer Methodenbegründung; und eine Notiz zu jedem Schritt, der zur Anwendung der Methode auszuführen ist.

Dauer Schritt 5:
1:00h

Schritt 6: Notizen zu Forschungsstand, Theorie und Methode anordnen

Wie gliedern wir die wissenschaftliche Arbeit?

Nun solltest du eine ganze Menge Notizen beisammen haben. *Und* bevor du dich deinem Material zuwendest und weitere Notizen machst, wollen wir die bisherigen erst einmal sammeln und ordnen – damit sie nachher auch Sinn ergeben.

Aus deinen Notizen zum Forschungsstand, zur Theorie und zur Methode wirst du in der Regel ein eigenes Unterkapitel der wissenschaftlichen Arbeit machen. In diesem Schritt nun geht es noch nicht darum, diese Kapitel zu schreiben (das kommt in Schritt 9), sondern die Notizen so in deinen Text zu kopieren und anzuordnen, dass du dann beim Schreiben nur noch ganze Sätze aus deinen Stichpunkten machen musst. Das heißt: **Die Notizen versorgen dich mit dem Inhalt; beim Schreiben formulierst du das Ganze auf Akademisch und fügst Satz- und Absatzverbindungen sowie Übergänge ein.**

Jetzt ordnest du die Notizen also in einer sinnvollen Reihenfolge dem richtigen Abschnitt deiner wissenschaftlichen Arbeit zu. Ich empfehle folgende Kapitelreihenfolge:
(1) Einleitung
(2) Forschungsstand
(3) Theorie
(4) Methode
(5) Materialanalyse
(6) Schluss
Da du noch gar keine Notizen zum Material hast und wir uns auch noch keine Gedanken über Einleitung und Schluss gemacht haben, sollten dich jetzt erstmal nur die Punkte (2), (3) und (4) interessieren.

Und warum diese Abfolge? Weil sich das eine aus dem anderen ergibt:

Zuerst teilst du deinem Professor mit, was bereits über dein Material geschrieben wurde (Forschungsstand). Dann sagst du, wie (d.h. aus welcher Perspektive) du dein Material betrachten willst (Theorie). Schließlich erläuterst du, wie du dein Material bearbeiten wirst (Methode). Und nachdem du das erläutert hast, ist es ja nur logisch, in genau diese Bearbeitung einzusteigen (Materialanalyse).

Wir können also die Überschriften (1) bis (6) für unser Beispiel zu Thomas Manns Roman „Doktor Faustus" schon einmal aufschreiben.

Das Kapitel „Forschungsstand"(2) mit Notizen füllen

Dazu nehmen wir unsere Notizen zu den sieben Forschungstexten aus Schritt 2. Da wir pro Forschungstext nachher einen, höchstens zwei Absätze schreiben wollen, ordnen wir auch unsere Notizen in Form von Absätzen an. Also: These und drei Argumente zu einem Forschungstext in einen Textblock und dann eine Leerzeile (oder zumindest Beginn einer neuen Zeile) als Signal, dass hier ein neuer Absatz (= neuer Forschungstext) beginnt. In unserem Beispiel sähe das so aus (meine Kommentare wieder in eckigen Klammern):

Michael Zywietz behauptet in seinem Text X, dass Thomas Mann sein Oratorium „Apocalipsis cum figuris" durch bestimmte sprachliche Mittel zum Leben erweckt hat und dass diese sprachlichen Mittel durch Manns Ideenaustausch mit Theodor Adorno sowie durch seine gute Kenntnis musikalischer Formen und Traditionen beeinflusst wurden (Michael Zywietz, „Das Geheul als Thema – welches Entsetzen!' – Zum Oratorium ‚Apocalipsis cum figuris' in Thomas Manns Roman ‚Doktor Faustus'", Die Musikforschung 62, 2, 2009, S. 144) [These des Forschungstextes No. 1 mit Literaturangabe]

Nach Michael Zywietz beschreibt Mann das Oratorium so, dass es einen Bezug zu einer sehr alten musikalischen Form (der Fuge) hat und gleichzeitig etwas von den neuen Elementen der Musik Arnold Schönbergs enthält. Nach Zywietz dient diese Art der Beschreibung dazu, „den Rang des Neuen zu hinterfragen und ihm zugleich historische Deutung zu verleihen" (Zywietz, S. 145). [Argument 1 des Forschungstextes mit Seitenangabe]

[Hier würden wir Argument 2 des Forschungstextes einfügen]

...

[Und hier Argument 3]

...

[Neuer Absatz]

[Hier würden wir die Notizen zu Forschungstext No. 2 anordnen] Zum Beispiel:

Eine gegensätzliche Position vertritt XY. Er hält Adorno für den eigentlichen Autor des Romans „Doktor Faustus"...

Welche Notizen zu den Forschungstexten hintereinander?

Du solltest auch die Reihenfolge nicht dem Zufall überlassen. Denn du willst es deinem Leser (dem Professor) mit deiner wissenschaftlichen Arbeit so einfach und angenehm wie möglich machen. Das heißt in diesem Fall: Du willst ihm ein überschaubares Bild liefern von den vielen, vielen (Forschungs-)Informationen, die zu deinem Material bereits existieren.

Wie die Texte logisch am sinnvollsten verknüpft werden können, wirst du wahrscheinlich selbst erkennen, wenn du sie fertig analysiert hast. Zwei „Anordnungsstrategien" sollten aber in den meisten Fällen helfen:

1. Wenn einige der Texte denselben Aspekt eines Themas behandeln, werden diese hintereinander angeordnet.

In unserem Beispiel zu „Doktor Faustus" ist das Thema die Darstellung von Musik und ein Aspekt die Verbindung zwischen Thomas Mann und Theodor Adorno. Wenn nun bspw. drei Forschungstexte diesen Aspekt behandeln, ordnen wir die drei Blöcke an Notizen dazu hintereinander an. Die anderen vier Texte, die sich z.B. mit dem Hauptcharakter des Romans und dessen Beruf beschäftigen, werden ebenfalls hintereinander angeordnet.

2. Wenn einige Texte „miteinander" eine Pro-und-contra-Debatte führen, werden die gleichen Standpunkte zusammen angeordnet. Eine Pro-und-contra-Debatte führen die Forschungstexte dann, wenn bezüglich des Materials gestritten wird. Wenn es also zwei konträre Standpunkte gibt und sich jeder der Forschungstexte einem dieser Standpunkte zuordnen lässt.

Nehmen wir wieder an, unser Material wären Interviews mit Konzernmanagern und zu diesen Interviews gäbe es Forschungstexte. Die einen sagen, dass die familiäre Herkunft der Manager etwas mit ihrer Top-Position im Unternehmen zu tun hat; die anderen sagen, dass diese allein auf ihre Bildung zurückzuführen ist. In diesem Fall können wir die Notizen zu den „Pro-Herkunft"-Texten und die zu den „Pro-Bildung"-Texten jeweils zusammen anordnen.

Wenn wir unsere Anordnungsstrategie auf alle sieben Forschungstexte angewendet haben, ist das Kapitel „Forschungsstand" schon fertig strukturiert. Daraus lassen sich später gut und gerne dreieinhalb Seiten abgabefähigen Textes produzieren!

Das „Theorie"-Kapitel mit Notizen füllen

Hier musst du dir, im Gegensatz zum Forschungsstand, keine Gedanken über die Reihenfolge der Texte machen. Wie in unserem Beispiel geht es bei den beiden Theorietexten, zu denen du Notizen hast, ja um ein und dieselbe Theorie (nicht um sieben verschiedene Meinungen wie beim Forschungsstand). Die Notizen aus unseren beiden Theorietexten können wir also auch vermischen.

Wichtig ist nur, dass du die Reihenfolge beibehältst: (1) These, (2) Begriffserklärungen, (3) Argumente für die These. Da wir diese Elemente ja in Schritt 4 genau in dieser Reihenfolge notiert haben, müssen wir höchstens noch kleinere Anpassungen vornehmen.

Fehlt nur noch die Begründung. Und über die haben wir uns in Schritt 4 ja glücklicherweise auch schon Gedanken (und Notizen) gemacht. Die Begründung packst du einfach ganz an den Anfang des Theorieteils – denn erst soll dein Professor ja erfahren, warum du diese Theorie verwendest, und sie dann erklärt bekommen. Und schon ist auch dieses Kapitel (in Notizform) fertig!

In unserem Beispiel einer wissenschaftlichen Arbeit zur Geschichtskultur sehen die Notizen zur Theorie bspw. so aus:

Als theoretische Grundlage wähle ich: Theorie der Geschichtskultur von Jörn Rüsen, weil mein Material eine Unterrichtsstunde in Geschichte aus der 12. Klasse ist, in der es um den Tansania-Park in Hamburg geht. Das ist ein Gedenkort für den Kolonialismus, um den seit Jahren auf politischer Ebene gestritten wird. Deshalb ist der Park zurzeit für Besucher aus der Bevölkerung gesperrt. Da stellt sich die Frage: Ist es in Ordnung, dass der Gesellschaft der Besuch des Parks versagt wird? Diese Frage betrifft den gemeinsamen Umgang mit Geschichte in einer Gesellschaft. Und um diesen gemeinsamen Umgang mit Geschichte zu analysieren, dazu dient das Konzept der Geschichtskultur. [Begründung]

Das Konzept der Geschichtskultur erklärt, wie unser aller Geschichtsbewusstsein zusammengenommen in drei Dimensionen der Kultur erfahr- und deutbar wird. Diese drei Dimensionen – ästhetische, politische, kognitive – sind jeweils voneinander getrennt (Rüsen, Jörn: Geschichtskultur: Stichworte zur Geschichtsdidaktik, Geschichte in Wissenschaft und Unterricht, 46 (1995), S. 513–521, hier S. 517). Durch sie erklärt die Geschichtskultur also so etwas wie „den Sitz des Geschichtsbewußtseins im Leben" (Rüsen, Jörn. „Geschichtskultur", in: Bergmann, Klaus (Hrsg.): Handbuch der Geschichtsdidaktik, 5., überarb. Aufl., Seelze-Velber 1997, S. 38–41, hier S. 38)". [These]

(a) Die ästhetische Dimension der Geschichtskultur bezieht sich auf das „Fühlen" von Vergangenheit, insbesondere in Form der Wahrnehmung, Vorstellung oder Darstellung derselben. Damit gehören zur ästhetischen Dimension der Geschichtskultur bspw. Denkmäler und Museen (Rüsen, „Geschichtskultur", S. 39). [Begriff 1, Erklärung]

(b) Die politische Dimension ... [Begriff 2, Erklärung]

(c) Die kognitive Dimension ... [Begriff 3, Erklärung]

Die Unterscheidung der Geschichtskultur in eine ästhetische, eine politische und eine kognitive Dimension ist gültig, weil diese drei Dimensionen den menschlichen Fähigkeiten von Fühlen, Wollen und Verstehen entsprechen und diese Fähigkeiten eben auch getrennt sind (sie sind „Grundmodi menschlicher Mentalität"). [Argument 1]

Ist außerdem gültig weil ... [Argument 2, Erklärung]

Und weil … [Argument 3, Erklärung]

Damit haben wir (wenn die restlichen Begriffe und Argumente noch ergänzt und die Schrift 12pt groß ist) Stoff für gut drei Seiten Text.

Den Methodenteil mit Notizen füllen

(Geisteswissenschaftler dürfen wieder weiterblättern.)

Das ist dein letzter Handgriff in Schritt 6. Weil wir diesmal Notizen zu nur einem Text haben, spielt die Reihenfolge keine Rolle. Zur Anordnung der Elemente packen wir, wie schon bei der Theorie, unsere Notizen zur Begründung an die erste Stelle. Dann folgt unsere Erklärung der drei Elemente der Methode in der Reihenfolge, in der wir sie anhand der drei Fragen herausgearbeitet haben: Für welches Material eignet sich die Methode?, Was ist der Endzustand?, Welches sind die Arbeitsschritte? Unsere Notizen könnten dann so aussehen:

Die qualitative Inhaltsanalyse dient zur Auswertung geschriebener Texte – insbesondere Interviews und Gruppendiskussionen, welche auf Tonband aufgenommen und anschließend nach bestimmten Regeln transkribiert werden (Mayring, Qualitative Inhaltsanalyse, S. 53. [Antwort auf: Für welches Material eignet sich die Methode?]

Die qualitative Inhaltsanalyse wird in drei Grundformen unterschieden: Zusammenfassung, Explikation und Strukturierung. Diese Grundformen dienen dazu, das Material entweder „so zu reduzieren, dass die wesentlichen Inhalte erhalten bleiben" (Zusammenfassung) oder „das Verständnis des Materials durch Herantragen von zusätzlichen Texten zu erweitern" (Explikation) oder „einen Querschnitt durch das Material zu legen" (Strukturierung) (Mayring, Qualitative Inhaltsanalyse, S. 65). [Antwort auf: Was ist der Endzustand?]

Das Material besteht aus zehn Interviews mit Mitarbeitern eines Automobilzulieferers und es geht um deren Unternehmenskultur. Jedes Interview dauerte ca. eine Stunde und besteht aus 8 bis 10 Seiten Text – viel zu viel also, um jede Aussage in der Arbeit zu diskutieren. Gleichzeitig zielten alle Fragen auf das Thema Unternehmenskultur ab, sodass in jeder Aussage ein wertvoller Beitrag zu unserem Thema stecken könnte. Um der Flut an Material Herr zu werden, ist es nicht sinnvoll, noch mehr Material heranzutragen (Explikation). Da jede Aussage relevant, aber trotzdem einzigartig sein könnte, hilft es uns auch nicht „einen Querschnitt durch das Material zu legen" (Strukturierung). Es hilft einzig eine Zusammenfassung, weshalb ich mich für diese Form der qualitativen Inhaltsanalyse entschieden habe. [Begründung, warum die Zusammenfassung zur Auswertung des Materials sinnvoll ist]

Im 1. Schritt der zusammenfassenden Inhaltsanalyse müssen drei Analyseeinheiten festgelegt werden: 1. Die „Kodiereinheit", die den kleinsten Materialbestandteil bestimmt, der ausgewertet werden darf – in diesem Fall ist das der Inhalt eines Satzes. 2. Die „Kontexteinheit" für den größten Materialbestandteil der Auswertung – für diesen Fall das Interview eines Mitarbeiters. 3. Die „Auswertungseinheit", die bestimmt, welche Textteile nacheinander ausgewertet werden: Die ist in dem Fall, genau wie die Kontexteinheit, ein Interview eines Mitarbeiters (Mayring, Qualitative Inhaltsanalyse, S. 59 u. 61). [Arbeitsschritt der Analyse: hier 1. Schritt]

In zweiten Schritt werden die Aussagen paraphrasiert, d.h., sie werden in „eine knappe, nur auf den Inhalt beschränkte, beschreibende Form umgeschrieben" (Mayring, Qualitative Inhaltsanalyse, S. 69). Dabei werden ausschmückende Textbestandteile, die keinen Inhalt haben, weggelassen. Schließlich sollen die Aussagen in einer Kurzform festgehalten werden: z.B. „Ja wissen Sie, ich hab' da eigentlich keine Belastung im großen und ganzen damals gespürt" wird zu „keine Belastung gespürt" (Mayring, Qualitative Inhaltsanalyse, S. 69). Dabei gelten die sogenannten „Z1-Regeln", die besagen, dass … [Z1-Regeln erklären]. [2. Schritt]

3. Schritt: Ich schaue mir die bisher gesammelten Aussagen an und bestimme auf deren Grundlage ein „Abstraktionsniveau" (Mayring, Qualitative Inhaltsanalyse, S. 69). Alle Aussagen, die unter diesem Niveau liegen, werden nun allgemeiner formuliert. Dabei werden insbesondere: (a) die „Gegenstände der Paraphrasen" so verallgemeinert, dass die alten Gegenstände in den neuen enthalten sind; (b) die Satzaussagen bzw. Prädikate werden ebenfalls nach Verfahren (a) verallgemeinert; (c) Paraphrasen, die über dem Abstraktionsniveau liegen, so belassen, wie sie sind; (d) im Zweifel theoretische Annahme zu Hilfe genommen (Mayring, Qualitative Inhaltsanalyse, S. 70). [3. Schritt]

4. Schritt: Die Paraphrasen, die nun „inhaltsgleich" sind, können gestrichen werden und „unwichtige und nichtssagende Passagen" können weggelassen werden (Mayring, Qualitative Inhaltsanalyse, S. 69). Das geschieht nach den Z3-Regeln. [4. Schritt]

Im 5. Schritt werden mehrere Aussagen, die sich aufeinander beziehen – diese können über das ganze Material verstreut sein – durch eine neue Aussage wiedergegeben. Hier gelten die Z4-Regeln, die besagen, dass ... [Z4-Regeln erklären] [5. Schritt]

6. Schritt: Die Aussagen bis jetzt werden zusammengestellt. Dadurch entsteht ein „Kategoriensystem" (Mayring, Qualitative Inhaltsanalyse, S. 69). [6. Schritt]

In einem letzten Schritt wird überprüft, ob das Kategoriensystem – also die Zusammenfassung – das Ursprungsmaterial noch repräsentiert. D.h., es wird überprüft, ob sich die Paraphrasen vom Anfang alle im Kategoriensystem wiederfinden lassen. [7.Schritt]

Das sollte später ca. drei weitere Seiten fertigen Textes ergeben. Für Schritt 6 haben wir also **nicht mehr als 30 Minuten** gebraucht und Notizen produziert, die in der fertigen Arbeit dreieinhalb Seiten (für den Forschungsstand) plus drei Seiten (für die Theorie) plus – falls es sich um eine sozialwissenschaftliche Arbeit handelt – drei Seiten (für die Methode) füllen werden. Insgesamt produzieren wir anhand der Notizen also sechseinhalb bis neuneinhalb Seiten Text. Nicht schlecht.

Dauer Schritt 6:
0:30h

Schritt 7: Material analysieren

Ziel der Materialanalyse

Mittlerweile hast du den kompletten Rahmen für deine wissenschaftliche Arbeit in Notizform erarbeitet: Forschungsstand, Theorie und Methode. Fehlt nur noch die eigentliche Analyse (plus ein bisschen Einleitung und Schluss) und die Arbeit ist fertig zum Abtippen.

Und das Gute ist: Durch deine Vorarbeit in Sachen Methode und Theorie wird dir nachher (in Schritt 9) ziemlich klar vorgegeben sein, was du schreiben kannst und was nicht. Du wirst dich also an keiner Stelle fragen müssen, wie du bloß die restlichen fünf Seiten noch füllen sollst.

Um aber nicht nur Seiten zu füllen, sondern auch eine sehr gute Note zu bekommen, muss dir klar sein, was das Ziel der Materialanalyse ist. Und das ist nichts weiter als: etwas über dein Material zu behaupten (also selbst eine **These** aufzustellen) und diese These durch **Argumente** zu untermauern. Denn genau das ist es, was eine sehr gute von einer durchschnittlichen Arbeit unterscheidet. Die durchschnittliche Arbeit behauptet in 99% der Fälle viel zu viele Dinge, ohne sie zu belegen oder ausdrücklich Behauptungen als solche zu kennzeichnen. Du lernst in diesem Schritt, wie du das besser machst.

Wie wir These und Argumente produzieren

Eine These und die Argumente dafür fallen nicht vom Himmel. Und obwohl der Inhalt der These und die Argumente in jeder Arbeit andere sind, entstehen die beiden Elemente doch immer **durch die Anwendung von Methode und Theorie auf dein Material**. Die Methode ist die Anleitung, wie du dein Material analysierst; die Theorie sagt dir, auf welche inhaltlichen Aspekte du achten sollst und welche du ignorieren kannst.

Du wirst unter Umständen eine ganze Menge an Material haben (einen Roman mit mehreren hundert Seiten oder Dutzende Experteninterviews). Diese Masse an Inhalt gerade mal so auf eine These zu reduzieren, funktioniert nicht. Deshalb produzierst du besser immer **erst die Argumente** (durch Anwendung von Methode und Theorie auf dein Material). **Erst danach** fasst du diese fünf, zehn, 15 oder 20 Argumente **zu einer These zusammen**.

Aber in Schritt 5 habe ich doch gesagt, dass manche Arbeiten gar keine Methode brauchen?! Richtig! Deshalb ist **das Vorgehen bezüglich These und Argumenten auch ein klein wenig unterschiedlich, je nachdem, ob du eine Methode anwendest (Sozialwissenschaften) oder du dir um so etwas gar keine Gedanken machen musst (Geisteswissenschaften)**.

Argumente und These in einer (sozialwissenschaftlichen) Arbeit mit Methode produzieren

In dieser Version sind Methode und Theorie miteinander verknüpft (Schritt 5), und in unseren Notizen haben wir schon eine komplette Anleitung dafür, welche Schritte wir mit Blick auf das Material durchführen müssen.

Das Beispiel

Nehmen wir wieder an, wir möchten eine wissenschaftliche Arbeit zu Interviews mit Mitarbeitern eines Unternehmens schreiben. Unser Dozent hat uns zur qualitativen Inhaltsanalyse nach Philipp Mayring geraten und wir haben schon herausgearbeitet, dass sich diese Methode tatsächlich besonders gut für Interviews eignet. Schließlich kennen wir das Ziel der Methode (Zusammenfassung der Interviewinhalte) und die durchzuführenden Arbeitsschritte. Wie kommen wir nun von hier zu ein paar sinnvollen Argumenten?

Methode Schritt für Schritt anwenden

Erst einmal müssen wir nichts weiter tun als die Arbeitsschritte der zusammenfassenden Inhaltsanalyse Schritt für Schritt umzusetzen. D.h., wir verallgemeinern die Aussagen unserer Interviews auf ein gemeinsames Abstraktionsniveau, streichen gleiche Aussagen, fassen Aussagen, die den gleichen Aspekt behandeln, zusammen etc. Wie das genau funktioniert, haben wir ja in Schritt 5 ganz genau notiert.

Wenn du dir trotzdem noch nicht sicher bist, wie das nun in der Anwendung funktionieren soll, ist das völlig normal. In Schritt 5 haben wir die Methode ja nur theoretisch erklärt und das bedeutet nicht, dass wir jedes Detailproblem lösen können, das bei so einer komplexen Tätigkeit wie der Textzusammenfassung auftreten kann. Weil du dir über die Anwendung also vielleicht noch nicht ganz im Klaren bist oder während des Zusammenfassens auf Probleme stoßen könntest, schauen wir uns einfach wieder ein Beispiel an, um die Methode in Aktion zu sehen. In der Regel enthält jedes Methodenbuch mindestens ein solches Beispiel. (Ein wirklich gutes Beispiel zur zusammenfassenden Inhaltsanalyse findet sich in Mayrings Buch ab S. 83.)

Die Zusammenfassung kann durchaus einiges an Zeit in Anspruch nehmen. Denn je nach Material hast du es mit sehr viel Text zu tun. Völlig klar, dass das lange dauert, und hier gibt es leider auch keine Abkürzungen. Wenn du nicht von Anfang an kurze oder wenige Interviews gewählt hast, musst du hier wohl oder übel durch. Drei Dinge unterstützen dich aber dabei: Erstens kannst du dir in Kapitel 4 Rat holen, sobald du Probleme mit deiner Motivation oder Konzentration hast oder dich von der Masse an Arbeit überwältigt fühlst. Zweitens wirst du schnell merken, dass Mayrings Anleitung das Zusammenfassen zu einer ziemlich einfachen Sache macht, und drittens solltest du daran denken, dass nach dieser Zusammenfassung der längste und arbeitsreichste Teil der Arbeit erledigt ist.

Argumente zusammenfassen (= These formulieren)

Wenn die Zusammenfassung der Interviews in unserem Beispiel erst einmal fertig ist, haben wir gleichzeitig auch schon alle Argumente vor uns. Das heißt: alle Aussagen, die irgendetwas über die Kultur des analysierten Unternehmens sagen. Bspw. könnten wir die folgenden zusammengefassten Aussagen gefunden haben (plus einige weitere, die hier nicht genannt sind):

1. *Mitarbeiter fühlen sich wie eine Gemeinschaft, weil*
   a. *die Geschäftsführung jeden Mitarbeiter wertschätzt,*
   b. *regelmäßig Team-Events stattfinden und*
   c. *durch gemeinsames Arbeiten schnell Erfolge sichtbar werden.*
2. *Mitarbeiter fühlen sich allein gelassen, weil*
   a. *sie allein in der Geschäftsstelle auf dem Land sitzen und*
   b. *sie nur telefonischen Kontakt zum Hauptsitz haben.*

Um die These zu bilden, müssen wir nun alle diese Aussagen zusammenfassen. Denn die These ist ja die übergreifende Behauptung einer wissenschaftlichen Arbeit und alle Argumente aus Einzelaussagen sollen sich irgendwie in der These wiederfinden und diese bekräftigen. In diesem Fall ist das noch relativ einfach, weil wir uns – hier in diesem Beispiel – nur zwei Aussagen herausgesucht haben. Tatsächlich können bei so einer Zusammenfassung auch zehn oder mehr zusammengefasste Aussagen herauskommen. Dann müsstest du ein bisschen tüfteln. Aber auch das funktioniert, sobald du das Prinzip verstanden hast. Und das lässt sich besser an wenigen Aussagen verdeutlichen.

Aus den beiden Aussagen oben könnten wir in diesem Fall folgende These konstruieren:

Die Unternehmenskultur im Unternehmen X wird ambivalent bewertet: Neben einem Gemeinschaftsgefühl gibt es auch Mitarbeiter, die sich allein gelassen fühlen.

Und hier siehst du auch schon, dass du so einiges aus den Aussagen ignorieren kannst: alles, was dort nach dem „weil" kommt – also die Begründung. Warum? Weil die These eine Behauptung ist. Sie sagt, wie etwas ist, aber nicht warum. Dazu sind die Argumente da. Deswegen brauchst du in der These keine Gründe (also kein „weil", „wegen" etc.), sondern nur Zustände, Handlungen etc. zu nennen. Damit wäre die Thesenbildung unserer (sozialwissenschaftlichen) Arbeit mit Methode schon fertig.

Wozu dann noch die Theorie?

Aber wozu haben wir dann vorher die Theorietexte gesucht und analysiert? Weil wir die jetzt brauchen. Durch unsere Methode und unser Material haben wir nämlich oben beschrieben, wie die Unternehmenskultur **im konkreten Fall des Unternehmens X** aussieht. Eine Theorie der Unternehmenskultur hingegen sagt, welche Eigenschaften eine Unternehmenskultur **allgemein** aufweist. Was können wir nun also mit unserer Unternehmenskultur aus der Theorie anfangen? Wir können sie mit der aus dem Unternehmen X vergleichen. Und weil die Theorie meist nicht nur sagt, wie *eine* Unternehmenskultur aussieht, sondern auch wie *eine gute* Unternehmenskultur aussieht, können wir Verbesserungsvorschläge für unseren Fall machen.

Dazu gehen wir unsere zusammengefassten Aussagen (die Argumente) einzeln durch. Zu unserer Aussage, „Mitarbeiter fühlen sich allein gelassen, weil sie allein in der Geschäftsstelle auf dem Land sitzen und nur telefonischen Kontakt zum Hauptsitz haben", könnten wir, indem wir die Theorie heranziehen, z.B. diesen Verbesserungsvorschlag finden:

Eine Unternehmenskultur verbessert sich, wenn Büros mit mindestens zwei Leuten besetzt sind.

Nachdem wir alle unsere Notizen mit Hinsicht auf die Theorie einmal der Reihe nach durchgegangen sind und ein paar Verbesserungsvorschläge notiert haben, ist dieser Schritt abgeschlossen. Das kann, wie gesagt, bei viel Material bis zu zehn Stunden dauern, aber bedeutet auch, dass danach der zeitintensivste Arbeitsschritt von allen erledigt ist.

Argumente und These in einer Arbeit ohne Methode produzieren

In diesem Fall hast du keine Anleitung aus einem Methodenbuch. Trotzdem musst du die Flut an inhaltlichen Aspekten für dich irgendwie überschaubar machen. Und dabei hilft dir in diesem Fall die Theorie. Denn sie sagt dir, auf welche inhaltlichen Aspekte du achten musst und welche du ignorieren kannst. Und aus den inhaltlichen Aspekten, auf die du achtest, wird sich deine These ergeben.

Das Beispiel

Nehmen wir nun unsere Theorie der Geschichtskultur. Das Material dieser wissenschaftlichen Arbeit ist ein Protokoll einer Schulstunde in Geschichte, in der über einen Gedenkpark in Hamburg diskutiert wurde. Unsere Notizen zur Theorie sagen etwas über drei Dimensionen der Geschichtskultur: die ästhetische, die politische und die kognitive. Zusätzlich haben wir in unseren Notizen Begriffserklärungen, die ausführen, was genau diese Dimensionen der Geschichtskultur sind, wie wir sie erkennen können und in welchen Lebensbereichen sie vorkommen. Wir wissen also ungefähr, wie unsere Theorie aussieht, und **unsere Aufgabe für die Analyse des Materials besteht nun darin, die Stellen in unserem Unterrichtsprotokoll zu finden, in denen mindestens eine der drei Dimensionen aus der Theorie angesprochen wird.** Das heißt, wir ordnen bestimmte Stellen in unserem Material bestimmten Teilbereichen der Theorie zu.

Argumente finden

Und nun die gute Nachricht: Welche Aussagen im Unterrichtsprotokoll wir als zur politischen Geschichtskultur zugehörig betrachten und welche nicht, ist keine Angelegenheit von Wahrheit oder Irrtum, sondern von **begründet oder unbegründet**. Und weil auch der Professor weiß, dass sich zu so ziemlich jeder Begründung Gegenargumente finden lassen, bist du hier in einer ziemlich komfortablen Situation. Denn solange du deine Zuordnung von Material zu Theorie begründest, wird der Professor die Zuordnung in der Regel akzeptieren – wahrscheinlich sogar, wenn er anderer Meinung ist.

Zum Beispiel gibt es in unserem Protokoll zur Unterrichtsstunde einen Hinweis darauf, dass in der Klasse ein Bild eines Hamburger Denkmals angeschaut wurde. Anschließend, so das Protokoll, stellte der Lehrer die Frage: „Dort seht ihr eins der Denkmäler der Gedenkstätte. Welches Bild zeichnet dieses Denkmal von der Kolonialgeschichte?" Nun könnten wir die Idee haben, dass es zu diesem Zeitpunkt in der Unterrichtsstunde genau um das geht, was unsere Theorie der Geschichtskultur ästhetische Dimension nennt.

Allerdings ist diese Idee, wie gesagt, nur dann etwas wert, wenn wir sie begründen. Und **begründen heißt nichts weiter als zu zeigen, dass zwei Konzepte oder Dinge eine Schnittmenge haben – dass sie also zu einem gewissen Teil gleich sind.** Glücklicherweise haben wir die Charakteristika der ästhetischen Dimension der Geschichtskultur ja in Schritt 6 bereits notiert. Wir hatten festgehalten:

Die ästhetische Dimension der Geschichtskultur bezieht sich auf das „Fühlen" von Vergangenheit, insbesondere in Form der Wahrnehmung, Vorstellung oder Darstellung derselben. Damit gehören zur ästhetischen Dimension der Geschichtskultur bspw. Denkmäler und Museen (Rüsen, Handbuch, S. 39).

Um jetzt eine Schnittmenge zwischen Theorie und Material zu finden, müssen wir also nur noch im genannten Auszug des Unterrichtsprotokolls etwas suchen, das mit „Wahrnehmung, Vorstellung oder Darstellung" der Vergangenheit zu tun hat. Im Protokoll heißt es:

„Dort seht ihr eins der Denkmäler in der Gedenkstätte. Welches Bild zeichnet dieses Denkmal von der Kolonialgeschichte?"

Die Überschneidung liegt auf der Hand: Der Lehrer fragt ja sogar explizit danach, wie dieses Denkmal Kolonialgeschichte darstellt und wie die Schüler es wahrnehmen. Unsere Notiz zu dieser Schnittmenge könnte also lauten:

Als in der Unterrichtsstunde nach dem Bild gefragt wird, das „dieses Denkmal von der Kolonialgeschichte zeichnet" (Unterrichtsprotokoll, S. 5), ist die ästhetische Dimension der Geschichtskultur angesprochen.

[Bis hierher ist das nur unsere Meinung. Dazu brauchen wir jetzt noch die Begründung.]

Denn die Frage des Lehrers zielt einerseits auf die „Darstellung von Geschichte" (Rüsen, Handbuch, S. 9) seitens des Künstlers und andererseits auf die „Wahrnehmung von Geschichte" von Seiten der Schüler ab.

Hier sehen wir sogar rein an den Formulierungen, wie Material und Theorie verknüpft wurden: In unserer Notiz kommt sowohl ein Zitat aus dem Theorietext (Rüsen) als auch eines aus dem Material (Unterrichtsprotokoll) vor.

Was machen wir mit so einem „Treffer"?

Wir belassen es nicht bei einem, sondern suchen so viele davon, wie wir finden können. Das heißt, wir gehen durch das komplette Material (das Unterrichtsprotokoll hat zehn Seiten) und identifizieren all die Stellen, die sich der ästhetischen, politischen oder kognitiven Dimension der Geschichtskultur zuordnen lassen. Zu jeder lassen wir uns natürlich auch eine Begründung einfallen, sodass wir am Ende genau die **Argumente** haben, nach denen wir auf der Suche waren.

These formulieren (= Argumente zusammenfassen)

Warum das, was wir jetzt gesammelt haben, Argumente sind und wofür oder wogegen sie argumentieren, wird aber erst klar, wenn wir nun unsere These formulieren. Die ist, wie gesagt, so etwas wie eine zusammenfassende Behauptung aller Argumente. Nehmen wir also an, wir hätten sieben Textstellen im Unterrichtsprotokoll identifiziert, an denen die ästhetische Dimension angesprochen ist, und drei Stellen, an denen die kognitive Dimension behandelt wird. Wenn wir diese zehn Argumente nun zusammenfassen wollen (= These), könnten wir notieren:

Der Fokus der Unterrichtsstunde X lag laut Unterrichtsprotokoll auf der ästhetischen Dimension der Geschichtskultur und kognitive Aspekte spielten eine Nebenrolle. Die politische Dimension wurde in der Stunde gar nicht behandelt.

Wenn es keine Forschungstexte zu unserem Material gibt (Schritt 2), sind wir damit fertig. Wenn doch, gibt es noch eine Kleinigkeit zu erledigen.

Abgrenzung der These vom Forschungsstand (wenn vorhanden)

Ich habe schon gesagt, dass der Sinn einer wissenschaftlichen Arbeit darin besteht, etwas Neues über ein Material zu sagen, das heißt: eine These zu formulieren und diese mit Argumenten zu begründen. Doch bis hier haben wir dem Professor noch nicht klargemacht, was genau das Neue an unserer wissenschaftlichen Arbeit sein könnte – also tun wir das jetzt. Wir finden es heraus, indem wir die These des

Forschungsstands – das, was bereits von bestimmten Autoren über unser Material gesagt wurde – mit unserer These vergleichen und die Unterschiede herausstellen.

Aber warum „die These des Forschungsstands"? Wir hatten doch sieben verschiedene Texte und Thesen. Stimmt! Deshalb müssen wir diese sieben Thesen jetzt irgendwie auf einen Nenner bringen. Das bedeutet aber auch, dass wir nicht jedes Detail jeder These mit einbeziehen müssen. Es reicht, wenn wir die Hauptaspekte nennen, über die in den sieben Forschungstexten etwas gesagt wurde.

Nehmen wir unsere Notizen des Forschungsstands zu Thomas Manns Roman „Doktor Faustus" aus Schritt 2. Zu einem der Forschungstexte hatten wir folgende These notiert:

Michael Zywietz behauptet in seinem Text X, dass Thomas Mann sein Oratorium „Apocalipsis cum figuris" durch bestimmte sprachliche Mittel zum Leben erweckt hat und dass diese sprachlichen Mittel durch Manns Ideenaustausch mit Theodor Adorno sowie durch seine gute Kenntnis musikalischer Formen und Traditionen beeinflusst wurden.

Hätten wir uns auch die weiteren sechs Texte angeschaut, hätten wir nun sechs solcher Aussagen vor uns. Und diese müssten wir jetzt grob zusammenfassen, um sie mit unserer These zu vergleichen. Nehmen wir an, dass drei der sieben Thesen Manns Austausch mit Theodor Adorno in den Vordergrund stellten und zwei weitere Thesen Manns besonders gute Kenntnis musikalischer Traditionen betonten. In dem Fall könnten wir die zwei restlichen Thesen einfach unter den Tisch fallen lassen und als zusammenfassende These des Forschungsstandes festhalten:

Die Forschung behauptet, dass Mann die Musikstücke in seinem Roman durch bestimmte sprachliche Mittel zum Leben erweckt hat, die insbesondere durch seinen Austausch mit dem Philosophen Theodor Adorno und seine gute Kenntnis musikalischer Traditionen geprägt wurden.

Nun müssen wir unsere These nur noch dagegen halten und die Unterschiede zwischen den Ergebnissen der Forschung bisher und unseren Ergebnissen (zusammengefasst in unserer These) deutlich benennen. Nehmen wir an, wir hätten in dem Fall folgende These herausgearbeitet:

Thomas Mann hat die Musikstücke in seinem Roman „Doktor Faustus" durch die sprachlichen Mittel X, Y und Z zum Leben erweckt.

Wenn wir uns die zwei Thesen nun so anschauen, fällt auf, dass es in beiden um „sprachliche Mittel" geht. Der Forschungsstand nennt diese aber nur am Rande, denn im Mittelpunkt stehen „Adorno" und „Manns gute Kenntnis musikalischer Traditionen". In der Forschung geht es also eher um die Ursachen oder Ursprünge dieser sprachlichen Mittel. In unserer These hingegen geht es nicht um die Ursachen, sondern darum, wie genau die sprachlichen Mittel, die Mann verwendet hat, aussehen, heißen, funktionieren etc. Als **Unterschied zwischen Forschungsstand und unserer Arbeit** können wir also notieren:

Die Forschung zu „Doktor Faustus" hat die Ursprünge der sprachlichen Mittel herausgearbeitet, die Mann einsetzt, um seine Musikstücke zum Leben zu erwecken. Diese Arbeit hingegen wird sich auf die sprachlichen Mittel selbst konzentrieren: auf ihre

*Formen und Funktionen und die Frage, wie sie es schaffen, die Musik im Roman leben-
dig zu machen.*

Damit ist auch die Materialanalyse in einer wissenschaftlichen Arbeit ohne Methode abgeschlossen.

Dauer Schritt 7:
ca. 10:00h (bzw. abhängig davon, wie umfangreich das Material ist, das du in
Schritt 1 gewählt hast)

Schritt 8: Notizen zum Material anordnen

Genau wie bei der Anordnung der Notizen zu Forschungsstand, Theorie und Methode, ist auch hier dein Ziel: die Notizen logisch anzuordnen, sodass aufeinanderfol-
gende Aussagen und Textteile etwas miteinander zu tun haben. So erleichterst du
dem Dozenten das Lesen und zeigst, dass deine wissenschaftliche Arbeit eine Eins
verdient hat.

Ich empfehle dir, folgende Dinge in folgender Reihenfolge anzuordnen: was du
behauptest (These), warum du es behauptest (Argumente) und (nur bei sozialwissenschaftlichen Arbeiten) was an dem Zustand aus der Behauptung verbessert werden könnte (Verbesserungsvorschläge).

Und die Reihenfolge innerhalb der einzelnen Punkte?

Die sollte auch logisch sein. Bei der These dürfte es keine Probleme geben, weil
die ohnehin nur einen bis wenige Sätze lang ist. Die These ordnest du also schon
einmal an erster Stelle an.

Bei den Argumenten musst du aber irgendwie sortieren, denn davon hast du vielleicht zehn, 15 oder sogar 20. Hier gilt: Aussagen, die denselben Aspekt, wie in unserem Beispiel die Unternehmenskultur, betreffen, werden hintereinander notiert
(und später ausformuliert). Zum Beispiel werden zwei Aussagen, die über das Gemeinschaftsgefühl im Unternehmen Auskunft geben, gemeinsam und vor einer Aussage zur Kommunikation im Unternehmen genannt.

Dann fehlen nur noch die Verbesserungsvorschläge. Und da sich diese immer auf
eine oder mehrere Aussagen beziehen werden, kannst du sie direkt darunter notieren. Wenn es also bspw. eine Aussage dazu gibt, dass sich einige Mitarbeiter alleinge-
lassen fühlen, folgt der Verbesserungsvorschlag dazu direkt dahinter.

Am Beispiel unserer nun ausgewerteten Mitarbeiterinterviews zur Unternehmenskultur könnten wir unsere Notizen folgendermaßen anordnen:

[These]

*Die Unternehmenskultur im Unternehmen X wird ambivalent bewertet: Neben ei-
nem Gemeinschaftsgefühl gibt es auch Mitarbeiter, die sich allein gelassen fühlen.*

[Argument 1]

Mitarbeiter fühlen sich wie eine Gemeinschaft, weil

a. die Geschäftsführung jeden Mitarbeiter wertschätzt,

b. regelmäßig Team-Events stattfinden und

c. durch gemeinsames Arbeiten schnell Erfolge sichtbar werden.

[Argument 2 – zu demselben Aspekt wie Argument 1]

Mitarbeiter fühlen sich allein gelassen weil

a. sie allein in der Geschäftsstelle auf dem Land sitzen und

b. sie nur telefonisch Kontakt zum Hauptsitz haben.

[Verbesserungsvorschlag zu dem gemeinsamen Aspekt der Argumente 1 und 2]

Die Theorie sagt: Unternehmenskultur verbessert sich, wenn Büros mit mindestens zwei Leuten besetzt sind.

[Argument 3]

Umgangston im Unternehmen ist konstruktiv, weil

a. Geschäftsführung das so vorlebt und

b. regelmäßig Workshops zu diesem Thema angeboten werden.

[Verbesserungsvorschlag 1 zu Argument 3]

[Verbesserungsvorschlag 2 zu Argument 3]

[Argument 4]

[Argument 5 zu demselben Aspekt wie Argument 4]

[Verbesserungsvorschlag zu dem gemeinsamen Aspekt von Argument 4 und 5]

usw.

usw.

Damit haben wir Schritt 8 ziemlich schnell – in ca. 30 Minuten abgehandelt – und sind bereit, mit dem Ausformulieren zu beginnen.

Dauer Schritt 8:
0:30h

Schritt 9: Von den Notizen zur wissenschaftlichen Arbeit

Jetzt bist du zwar erst bei Schritt neun von zwölf angelangt, aber die gute Nachricht ist: 90% der Arbeit hast du schon erledigt. Denn du hast Texte und Material analysiert und dabei den größten Teil der konzeptionellen Arbeit geleistet. Der Rest wird jetzt ziemlich schnell gehen und dir vielleicht sogar Freude machen, weil du siehst, dass die Vorarbeiten etwas nützen. Das Schreiben wird dir nun schnell und leicht von der Hand gehen und es wird Text herauskommen, der Sinn macht und in dem die Inhalte aufeinander abgestimmt sind.

In diesem Schritt geht es also nur darum, deine Notizen – in der Reihenfolge, wie du sie notiert hast – auszuformulieren. Deine beiden Ziele dabei sind:

1. Die Notizen in der Sprache deines Faches zu formulieren. Warum das notwendig ist und wie das geht, hast du durch die Übung in Kapitel 2 gelernt.

2. Die Sätze, Absätze und Kapitel deiner Arbeit logisch zu verknüpfen. Denn genau wie dir in der Analyse der Texte anderer Autoren strukturierende Wörter und Phrasen sowie Zwischenüberschriften geholfen haben, soll auch dein Text dem Dozenten sol-

che Orientierungshilfen bieten. Denn je einfacher er sich in dem Text zurechtfindet, desto angenehmer wird das Lesen für ihn sein – und desto besser deine Note. (Welche diese Wörter, Phrasen und Überschriften sind, hast du ebenfalls in Kapitel 2 gelernt.)

Ich zeige dir das Ganze einmal in der Ausführung und nehme dazu wieder das Beispiel der Theorie der Geschichtskultur. Dazu wiederhole ich zuerst noch einmal die Notizen (kursiv), die wir uns zu dieser Theorie (also zu den beiden Theorietexten) gemacht hatten, und formuliere danach den Text zu diesen Notizen, indem ich ein paar Ausdrücke streiche und einige Satzteile ergänze (fett gedruckt):

Als theoretische Grundlage wähle ich: Theorie der Geschichtskultur von Jörn Rüsen, weil mein Material eine Unterrichtsstunde in Geschichte aus der 12. Klasse ist, in der es um den Tansania-Park in Hamburg geht. Das ist ein Gedenkort für den Kolonialismus, um den seit Jahren auf politischer Ebene gestritten wird. Deshalb ist der Park zurzeit für Besucher aus der Bevölkerung gesperrt. Da stellt sich die Frage: Ist es in Ordnung, dass der Gesellschaft der Besuch des Parks versagt wird? Diese Frage betrifft den ge-meinsamen Umgang mit Geschichte in einer Gesellschaft. [Notizen zur Begründung, warum die Theorie der Geschichtskultur verwendet wird]

*~~Als theoretische Grundlage wähle ich:~~ **Der Analyse in dieser Arbeit wird die** Theorie der Geschichtskultur von Jörn Rüsen **zugrunde gelegt. Denn Rüsens Konzept der Ge-schichtskultur dient dazu, den gesellschaftlichen (d.h. kollektiven) Umgang mit der Vergangenheit und die Erscheinungsformen dieses Umgangs zu analysieren. Und um genau diesen Umgang mit Vergangenheit geht es in der** ~~weil: mein Material eine~~ Unterrichtsstunde ~~in~~ **im Fach** Geschichte, **die das Material dieser Arbeit bildet.** ~~aus der 12. Klasse ist, in der es~~ **In der Stunde ging es** um den Tansania-Park in Hamburg, ~~geht.~~ ~~Das ist~~ **also um einen** ~~ein~~ Gedenkort für den Kolonialismus, um den seit Jahren auf politischer Ebene gestritten wird **und der** deshalb ~~ist der Park~~ zurzeit für Besucher aus der Bevölkerung gesperrt **ist.** ~~Da~~ **Anlässlich dieser Schließung** stellt sich die Frage, **ob es vertretbar** ist, ~~es in Ordnung, dass~~ der Gesellschaft ~~der~~ **den** Besuch des Parks **zu versagen. Und** diese Frage betrifft **wiederum unseren** ~~den~~ gemeinsamen Umgang mit Geschichte in einer Gesellschaft. **Oder besser: Diese Frage ist eine Frage der Ge-schichtskultur.*** [Text mit neuen Verknüpfungen, diese fett hervorgehoben]

Das Konzept der Geschichtskultur erklärt, wie unser aller Geschichtsbewusstsein zusammengenommen in drei Dimensionen der Kultur erfahr- und deutbar wird. Diese drei Dimensionen – ästhetische, politische, kognitive – sind jeweils voneinander ge-trennt (Rüsen, Jörn: Geschichtskultur: Stichworte zur Geschichtsdidaktik, Geschichte in Wissenschaft und Unterricht, 46 (1995), S. 513–521, hier S. 517). Durch sie erklärt die Geschichtskultur also so etwas wie „den Sitz des Geschichtsbewußtseins im Leben" (Rüsen, Jörn: „Geschichtskultur", in: Bergmann, Klaus (Hrsg.): Handbuch der Ge-schichtsdidaktik, 5., überarb. Aufl., Seelze-Velber 1997, S. 38–41, hier S. 38). [Notizen zur These der beiden Theorietexte]

*~~Das Konzept~~ **Doch wie wird das Konzept der** Geschichtskultur **nach Rüsen defi-niert? Es** erklärt, wie unser aller Geschichtsbewusstsein zusammengenommen in drei*

Dimensionen der Kultur erfahr- und deutbar wird. Diese drei Dimensionen – **Rüsen nennt sie die ästhetische, die politische und die kognitive** – sind jeweils voneinander getrennt (Rüsen, Jörn: „Geschichtskultur: Stichworte zur Geschichtsdidaktik". In: Geschichte in Wissenschaft und Unterricht, 46, 1995, S. 517), doch zusammen betrachtet – als Geschichtskultur – erklären sie ~~Durch sie erklärt die Geschichtskultur also~~ so etwas wie „den Sitz des Geschichtsbewußtseins im Leben" (Rüsen, Jörn: „Geschichtskultur". In: Handbuch der Geschichtsdidaktik, 5. Auflage, Seelze-Velber 1997, S. 38). **Im Folgenden sollen die drei Begriffe daher jeweils genauer beleuchtet werden.** [Text mit neuen Verknüpfungen, diese fett hervorgehoben]

Schritt 9 dauert nach der Analyse des Materials wahrscheinlich am längsten. Aber nicht mal ansatzweise so lange wie ohne deine Notizen. Denn alle Inhalte stehen ja schon dort drin. Du musst nur noch überlegen, wie du sie präzise und leserfreundlich formulierst. Und das ist, wie du oben siehst, nicht schwierig – dauert aber eben seine Zeit.

Dauer Schritt 9:
6:00h

Schritt 10: Einleitung und Schluss schreiben

Deine Arbeit nähert sich dem Ende. Sie braucht nur noch eine Einleitung und einen Schluss, das richtige Format und einen Korrekturdurchgang. In diesem Schritt erfährst du, wie du eine kurze, aber effektive Einleitung und einen Schluss schreibst.

Einleitung

Wenn du Texte analysierst, geht es – wie in den Schritten bisher – immer erst um eines: Orientierung. Und nichts anderes bietet eine Einleitung. Sie gibt dem Leser in Kurzform einen Überblick über die Inhalte im Hauptteil der wissenschaftlichen Arbeit. Die Einleitung ist also so etwas wie die Mini-Version aller Kapitel des Hauptteils in nahezu derselben Reihenfolge. Die Einleitung enthält also:
1. Überblick über das Material
2. Überblick über den Forschungsstand
3. Überblick über das Ziel bzw. die These der Arbeit
4. Überblick über die Theorie
5. Überblick über die Methode
6. Überblick über die Gliederung

In manchen Fällen reicht zu jedem der Punkte ein einziger Satz aus. Die sechs Punkte können also oft schon auf ein bis zwei Seiten abgehandelt werden. Wir spielen das Ganze einmal an unserem Beispiel „Doktor Faustus" durch.

1. Überblick über das Material

Da du hier ganz am Anfang der Arbeit bist, solltest du nicht nur sagen, welches Material du analysiert hast, sondern warum dieses Material es verdient hat, dass du seitenweise Text darüber schreibst – und dein Dozent den auch noch lesen soll. Und das funktioniert, wie schon in Schritt 3 gesagt, am besten, indem du eine Verbindung zwischen deiner Alltagswelt und der Welt wissenschaftlicher Arbeiten herstellst.

Und wie stellen wir eine Verbindung zwischen unserem Thema „Darstellung von Musik in Thomas Manns *Doktor Faustus*“ und unserer Alltagswelt her? Ganz einfach: Wir googeln. Denn so ziemlich alles, was in unserer Alltagswelt passiert, wird in irgendeiner Weise auch im Internet dokumentiert – in Form von Zeitungsartikeln, Videos, Blogbeiträgen etc. Wir suchen also einfach nach einem Aspekt unserer im Internet dokumentierten Alltagswelt, der sich auf unseren „Doktor Faustus“ bezieht.

Der Suchbegriff „doktor faustus“ in Google führt uns zu dieser Ergebnisseite:

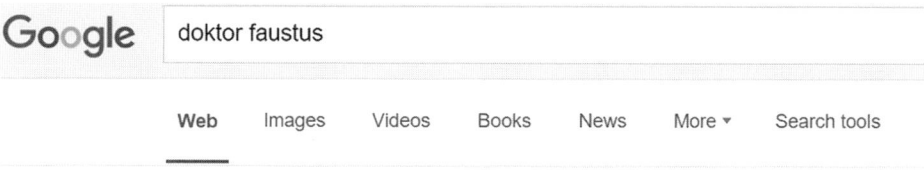

Web   Images   Videos   Books   News   More ▾   Search tools

About 220,000 results (0.37 seconds)

Doctor Faustus (novel) - Wikipedia, the free encyclopedia
https://en.wikipedia.org/wiki/Doctor_**Faustus**_(novel) ▾
Doctor Faustus is a German novel written by Thomas Mann, begun in 1943 and published in 1947 as **Doktor Faustus**: Das Leben des deutschen Tonsetzers ...
Outline - Plot - Sources and origins - Themes

Doktor Faustus – Wikipedia
https://de.wikipedia.org/wiki/**Doktor_Faustus** ▾ Translate this page
Doktor Faustus. Das Leben des deutschen Tonsetzers Adrian Leverkühn, erzählt von einem Freunde ist ein Roman von Thomas Mann. Er entstand zwischen ...
Inhalt - Hauptpersonen - Hintergründe - Wirkungsgeschichte

1947: Doktor Faustus | ZEIT ONLINE - Die Zeit
www.zeit.de › ... › Jahrgang 2012 › Ausgabe: 29 ▾ Translate this page
Jul 12, 2012 - **Doktor Faustus**. Das Leben des deutschen Tonsetzers Adrian Leverkühn, erzählt von einem Freunde. Der Freund heißt Serenus Zeitblom, ein ...

Thomas Mann: Doktor Faustus (Buchtipp)
www.dieterwunderlich.de/Mann_**Faustus**.htm ▾ Translate this page
Thomas Mann: **Doktor Faustus**. Das Leben des deutschen Tonsetzers Adrian Leverkühn, erzählt von einem Freunde (Buchbesprechung mit ausführlicher ...

Doktor Faustus (1982) - IMDb
www.imdb.com/title/tt0083840/ ▾
★★★⯪☆ Rating: 7.1/10 - 73 votes
Directed by Franz Seitz. With Jon Finch, André Heller, Hanns Zischler, Margot Hielscher.

Abbildung 42: Ergebnis zum Suchbegriff „Doktor Faustus“ auf www.google.de

Und einer der besten Orte, um das Material deiner wissenschaftlichen Arbeit mit deiner Alltagswelt zu verbinden, sind die Websites der Massenmedien. Denn mit Zeitungen und Fernsehnachrichten ist jeder von uns **alltäglich** – freiwillig oder unfreiwillig – in Kontakt. Und in diesem Fall haben wir Glück und bekommen einen Artikel aus der *ZEIT* angezeigt. Den schauen wir uns näher an.

Und in dem Artikel suchen wir nicht nach irgendeiner Aussage über „Doktor Faustus", sondern nach etwas, das zu unserem Thema „Darstellung von Musik in Doktor Faustus" passt. Unser Suchwort ist also so etwas wie „Musik": Wir überfliegen den Text mit diesem Suchwort im Hinterkopf. Schon im zweiten Absatz werden wir fündig:

Doktor Faustus

Kein anderes Werk dringt so in die Musik und ihren Zauber ein wie Thomas Manns Künstlerroman.

Von Uwe Tellkamp

12. Juli 2012, 8:00 Uhr / DIE ZEIT Nr. 29/2012

Doktor Faustus. Das Leben des deutschen Tonsetzers Adrian Leverkühn, erzählt von einem Freunde. Der Freund heißt Serenus Zeitblom, ein Gymnasiallehrer, der wie Leverkühn aus Kaisersaschern an der Saale stammt, einer fiktiven Stadt im Herzen der Luthergegend. Es geht um Deutsches und Deutschland in diesem Roman, um den Lebensweg Leverkühns vom Studenten der Theologie zum Komponisten, der impressionistisch beginnt und, dank teuflisch-syphilitischer Inspiration, den Durchbruch zur Zwölftonmusik vollzieht. Leverkühn ist 1885 geboren und stirbt umnachtet 1940, am 25. August wie Nietzsche.

Es gibt berühmte Kapitel: Onkel Leverkühns Musikalienhandlung, das Teufelsgespräch, Domorganist Kretzschmars Vortrag über Beethovens *opus 111.* Die Musikschilderungen überhaupt sind Glanzstücke deutschsprachiger Prosa: einzigartig die Vergegenwärtigung der *Apocalipsis cum figuris,* man glaubt beim Lesen das Stück zu hören, hat keinen Zweifel an seiner Existenz und wundert sich, dass es in der wirklichen Musikgeschichte nicht vorkommt. Die Münchner Gesellschaftsszenen, der Tod Ines Roddes, die sich in den Geiger Schwerdtfeger verliebt und ihn aus Eifersucht erschießt, die

Abbildung 43: Zeitungsartikel von Uwe Tellkamp zum Roman „Doktor Faustus", Suchworte unterstrichen

Und das ist ein Volltreffer. Es geht nicht nur um Musik, sondern auch um das in unserer Arbeit so zentrale Musikstück „Apocalipsis cum figuris". Und der Autor des Artikels sagt, dass diese Passage im „Doktor Faustus" ein „Glanzstück deutschsprachiger Prosa" und „einzigartig" sei. Dabei verleiht die Tatsache, dass Uwe Tellkamp selbst Schriftsteller ist, der Aussage noch zusätzlich Autorität. Deshalb können wir den markierten Satz als wörtliches Zitat notieren. Davor packen wir dann noch einen Satz, der unser Material klar benennt und irgendwie auf das Zitat hinführt – und fertig ist der Ausblick auf unser Material. Unsere Arbeit könnte also ungefähr so beginnen:

Diese Arbeit beschäftigt sich mit dem Roman „Doktor Faustus", der nicht nur eines der Hauptwerke von Thomas Mann darstellt, sondern bis heute von Schriftstellern immer wieder gelobt wird. So schreibt bspw. Uwe Tellkamp in der „ZEIT": „Die Musikschilderungen überhaupt sind Glanzstücke deutschsprachiger Prosa: einzigartig die Vergegenwärtigung der Apocalipsis cum figuris, man glaubt beim Lesen das Stück zu hören, hat keinen Zweifel an seiner Existenz und wundert sich, dass es in der wirklichen Musikgeschichte nicht vorkommt" (Tellkamp, Uwe: „1947: Doktor Faustus". In: DIE ZEIT 29, 2012 (12. Juli 2012), http://www.zeit.de/2012/29/ L-Kanon-Mann*).*

2. Überblick über den Forschungsstand

Um diesen Überblick auf die Beine zu stellen, schauen wir noch einmal auf das, was wir in Schritt 8 als Zusammenfassung der Thesen aller Forschungstexte notiert hatten. Die Notiz lautete:

Der Forschungsstand behauptet, dass Thomas Mann die Musikstücke in seinem Roman durch bestimmte sprachliche Mittel zum Leben erweckt hat, die insbesondere durch seinen Austausch mit dem Philosophen Theodor Adorno und seine gute Kenntnis musikalischer Traditionen geprägt wurden.

Diese Zusammenfassung des Forschungsstands müssen wir jetzt nur noch mit unserem Zitat verbinden. Da es sowohl in dem Zitat aus der *ZEIT* als auch in unserer Zusammenfassung des Forschungsstands um das besondere Verhältnis von Musik und Roman geht, könnte unser Überblick zum Forschungsstand ungefähr so lauten:

Schon in dieser Rezension, die sich keineswegs nur mit der Darstellung von Musik im „Doktor Faustus" beschäftigt, kommt die scheinbar besondere Verknüpfung zwischen diesem Thema und dem Roman zum Vorschein. Es ist daher nicht verwunderlich, dass auch die Forschungsliteratur zu „Doktor Faustus" auf diese Verknüpfung aufmerksam geworden ist und dabei behauptet hat, dass die sprachliche Darstellung der Musik im Roman besonders durch Thomas Manns intellektuellen Austausch mit dem Philosophen Theodor Adorno sowie Manns Kennerschaft musikalischer Traditionen geprägt wurde.

3. Überblick über das Ziel bzw. die These der Arbeit

Wie gesagt, jede wissenschaftliche Arbeit soll im Idealfall etwas Neues über ein bestimmtes Material sagen. Und auf dieses Neue solltest du in Ansätzen schon in der Einleitung hinweisen, damit der Dozent den Wert deiner Arbeit sieht.

Konkret steckt das Neue der Arbeit in der These (der Behauptung), die du bezüglich des Materials aufstellst. Und die hast du bis hierher ja schon herausgearbeitet, notiert und an die richtige Stelle der Arbeit sortiert.

Nehmen wir an, es ginge wieder um das Thema „Darstellung von Musik in *Doktor Faustus*" und wir hätten folgende These herausgearbeitet:

Thomas Mann hat die Musikstücke in seinem Roman „Doktor Faustus" durch die sprachlichen Mittel X, Y und Z zum Leben erweckt.

Unser Überblick zum Ziel der Arbeit könnte dann ganz simpel lauten:

Ziel dieser Arbeit ist es, darzustellen, wie Thomas Mann die Musikstücke in seinem Roman „Doktor Faustus" durch die sprachlichen Mittel X, Y und Z zum Leben erweckt hat.

4. Überblick über die Theorie

In diesem Teil der Einleitung geht es darum, die von dir herangezogene Theorie und deren Autor zu nennen, damit der Dozent weiß, was ihn im Theorieteil erwartet. Wir schreiben also zum Beispiel so weiter:

Dazu bediene ich mich der Theorie des Formulierens von Gerd Antos. (Diese Theorie könnten wir beispielsweise in einer Arbeit zu „Doktor Faustus" verwenden.)

5. Überblick über die Methode (falls vorhanden)

Dasselbe gilt für die Methode: Bezeichnung und Name des Autors reichen völlig. Im Fall von „Doktor Faustus" gibt es keine Methode. In unserem Beispiel der Mitarbeiterinterviews zur Unternehmenskultur aber schon und deshalb würden wir dort ungefähr so weiterschreiben:

Zur Analyse wurde die qualitative Inhaltsanalyse nach Philipp Mayring eingesetzt.

6. Überblick über die Gliederung

Jetzt weiß der Dozent ungefähr, worum es in deiner Arbeit gehen wird. Er weiß allerdings noch nicht, wie deine Arbeit aufgebaut ist, also: wann ihn welcher Themenaspekt erwartet. Das ist aber ziemlich wichtig, um Orientierung im Text zu ermöglichen und die Lektüre möglichst angenehm zu gestalten. Du solltest also jetzt noch sagen, in welcher Reihenfolge du welchen Aspekt behandelst. Im Beispiel „Doktor Faustus" könnte das ungefähr so klingen:

Im nun folgenden Hauptteil werde ich zunächst den Forschungsstand zum Roman zusammenfassen und auf die Hauptargumente der jeweiligen Positionen eingehen. Danach folgt ein Überblick über die Theorie des Formulierens von Gerd Antos. (Anschließend werden Eignung, Ziel und Vorgehensweise der qualitativen Inhaltsanalyse vorgestellt). Im letzten und längsten Abschnitt des Hauptteils werde ich die Ergebnisse der Analyse des Romans vorstellen, bevor die zentralen Erkenntnisse der Arbeit im Schlussteil zusammengefasst werden.

Damit haben wir eine kurze, aber sinnvolle Einleitung. Die zu schreiben kostet dich **nicht mehr als 60 Minuten Zeit** und bringt dir mindestens **eine Seite Text**.

Schluss

Am Schluss der Arbeit sollte schon alles gesagt sein, was zum Material gesagt werden muss. Das heißt, du musst dir auch keine neuen Inhalte mehr für den Schluss ausdenken. Es geht lediglich darum, dem Leser noch einmal in zusammengefasster Form zu präsentieren, was du über dein Material herausgefunden hast. Und diese Zusammenfassung sollte enthalten:

1. Ziel bzw. These der Arbeit
2. Abgrenzung zum Forschungsstand
3. Theorie und Methode
4. Ergebnisse der Analyse
5. Eindrucksvoller Abschluss

Das kommt dir bekannt vor? Genau! Bei den ersten drei Punkten musst du nichts weiter tun als die Aussagen der Einleitung ein wenig umzuformulieren und in die Vergangenheitsform zu setzen. Bezogen auf unser Beispiel, könnte das dann ungefähr so lauten:

1. Ziel bzw. These der Arbeit

Ziel dieser Arbeit war es, die sprachlichen Mittel aufzuzeigen und zu untersuchen, durch die Thomas Mann die Musikstücke in seinem Roman „Doktor Faustus" zum Leben erweckt hat.

2. Abgrenzung zum Forschungsstand

Dieser Aspekt taucht in der Einleitung nicht auf. Was du dazu sagen kannst, hast du aber in Schritt 7 schon notiert. Diese Notizen kannst du also übernehmen – solltest sie allerdings ein kleines bisschen umformulieren.

Zu Erinnerung hier nochmal die Notiz:

Die Forschungsliteratur zu „Doktor Faustus" hat die Ursprünge der sprachlichen Mittel herausgearbeitet, die Mann einsetzt, um seine Musikstücke zum Leben zu erwecken. Diese Arbeit hingegen wird sich auf die sprachlichen Mittel selbst konzentrieren: auf ihre Formen und Funktionen und die Frage, wie sie es schaffen, die Musik im Roman lebendig zu machen.

Und daraus machen wir nun für den Schluss:

Damit beschäftigt sich diese Arbeit im Gegensatz zum Großteil der bisherigen Forschung zu „Doktor Faustus" nicht mit den Ursachen der prominenten Rolle von Musik im Roman, sondern mit der Frage, wie Thomas Mann die Musik in Sprache fassbar gemacht hat.

3. Theorie und Methode

Die Analyse wurde auf der Grundlage der Theorie des Formulierens von Gerd Antos durchgeführt. (In einer sozialwissenschaftlichen Arbeit würdest du hier noch anfügen: *Methodisch wurde die Analyse nach den Vorgaben der qualitativen Inhaltsanalyse nach Philipp Mayring durchgeführt.*)

4. Ergebnisse der Analyse

Auch dieser Aspekt ist gegenüber der Einleitung neu, kann aber auch ziemlich einfach aus den Notizen zum Material herausgefiltert werden. Die Ergebnisse der Arbeit sind nämlich nichts anderes als die These und die Argumente, die die These untermauern. Für unser Beispiel könnte das dann ungefähr so lauten:

Die Analyse ergab, dass die sprachlichen Mittel XYZ, die in den musikbezogenen Passagen des Romans immer wieder auftauchen, dafür verantwortlich sind, dass die Musik in Manns Roman allein durch Sprache zum Leben erweckt wird. [These]
Es wurde gezeigt, dass das sprachliche Mittel X dabei den Effekt A erzeugt. [Argument 1] *Sprachliches Mittel Y unterstützt die Musikalität des Textes, indem es B heranzieht.* [Argument 2] *Sprachliches Mittel Z schließlich bewirkt C.* [Argument 3]...

5. Eindrucksvoller Abschluss

Jetzt braucht es nur noch wenige letzte Sätze und dann hast du die Schreibarbeit erledigt. Allerdings sollten diese Sätze nicht unterschätzt werden, denn dein Dozent wird diese womöglich am längsten im Gedächtnis behalten. Deshalb solltest du hier etwas Ausdrucksstarkes sagen und gleichzeitig zeigen, dass die Arbeit sorgfältig durchdacht ist. Das funktioniert, indem du einen Bezug zu den ersten Sätzen deiner Arbeit herstellst: in unserem Beispiel also zu dem Eingangszitat aus dem *ZEIT*-Artikel. So wird die Arbeit rund und so hast du gleichzeitig etwas, dass nicht nur von dir kommt, sondern durch eine gewichtige Stimme aus der Alltagswelt unterstützt wird. Die letzten Sätze der Arbeit könnten also folgendermaßen lauten:

Auf Grundlage dieser Ergebnisse kann nur bekräftigt werden, was Uwe Tellkamp 2012 in der ZEIT *angedeutet hat: Beim Lesen des „Doktor Faustus" glaubt man die Musik „zu hören, hat keinen Zweifel an ihrer Existenz und wundert sich, dass sie in der wirklichen Musikgeschichte nicht vorkommt" (Tellkamp, Uwe: „1947: Doktor Faustus". In: DIE ZEIT 29, 2012 (12. Juli 2012),* http://www.zeit.de/2012/29/L-Kanon-Mann*). Den Ergebnissen dieser Arbeit zufolge dürften es die sprachlichen Mittel X, Y, Z sein, die ganz wesentlich zu dieser Lebendigkeit der Musik in Thomas Manns Roman beitragen.*

Damit ist die Arbeit komplett fertig geschrieben, Glückwunsch! Fehlt nur noch das richtige Format und ein Korrekturdurchgang.

Dauer Schritt 10:
1:00h (Einleitung) **+ 0:30h** (Schluss)

Schritt 11: Den Text dozentenfreundlich formatieren

Der Rest der Arbeit ist Formsache. Du solltest aber keinesfalls unterschätzen, wie wichtig es ist, deine Arbeit nach den Regeln des wissenschaftlichen Arbeitens bzw. den Vorgaben deines Dozenten zu formatieren. Meiner Erfahrung nach legen manche Dozenten sogar mehr Wert auf diese formalen Aspekte als auf den Inhalt. Und in gewisser Weise ist das auch verständlich, denn es lässt sich viel eindeutiger sagen, ob ein Zitat im Zitierstil X formuliert wurde, als zweifelsfrei zu belegen, dass eine bestimmte Behauptung, die du in deiner Arbeit aufgestellt hast, richtig oder falsch ist. **Also kann die Wichtigkeit dieses Schrittes gar nicht überschätzt werden.** Und obwohl nur wenige Dinge zu tun sind, empfehle ich dir, diese umso gründlicher umzusetzen – das macht oftmals den Unterschied zwischen Note 1 und 2 aus.

In der Regel hat deine Uni, dein Fachbereich oder sogar dein Dozent eigene Vorgaben, was die Form der wissenschaftlichen Arbeit angeht. Und diese Vorgaben findest du irgendwo auf der Homepage deiner Hochschule veröffentlicht. Dort werden dann bspw. Vorgaben zu Deckblatt, Inhaltsverzeichnis, Textformatierung, Zitationsstil etc. gemacht. Manche davon sind über die Hochschulen hinweg ziemlich gleich – dafür findest du im Folgenden Vorlagen –, andere sind individuell verschieden. Deswegen gehen wir die Punkte jetzt im Einzelnen durch:

Deckblatt, Inhaltsverzeichnis, Gliederung des Texts

Ein Deckblatt wird es immer geben, ein Inhaltsverzeichnis genauso, und die Gliederung des Textes wird auch immer ähnlich sein (auch wenn Teile – wie z.B. der zur Methode – wegfallen können und jede Arbeit ganz eigene Kapitelüberschriften haben wird, weil diese sich nach dem jeweiligen Inhalt richten). Deshalb habe ich dir unter www.utb-shop.de/downloads eine Vorlage zum Download zur Verfügung gestellt. Die Vorlage besteht aus folgenden Teilen:

1. Deckblatt – hier füllst du alles in den eckigen Klammern aus
2. Klickbares Inhaltsverzeichnis – das musst du nur noch aktualisieren. Das heißt: Sobald deine wissenschaftliche Arbeit fertig ist, klickst du mit der rechten Maustaste in den grau hinterlegten Bereich des Inhaltsverzeichnisses und dann auf „Verzeichnis aktualisieren".
3. Überschrift für jedes Kapitel, das in der wissenschaftlichen Arbeit vorkommen kann (also Einleitung, Forschungsstand, Theorie, Methode, Materialanalyse, Schluss) – hier fügst du einfach deine Notizen zu dem jeweiligen Teil ein.
4. Seite für das Literaturverzeichnis – mehr dazu weiter unten
5. „Eidesstattliche Erklärung über das selbstständige Verfassen der wissenschaftlichen Arbeit" – hier einfach nach dem Ausdrucken unterschreiben oder, bei digitaler Abgabe, einen Scan deiner Unterschrift einfügen. Falls dein Dozent auf eine spezielle Formulierung dieser Erklärung besteht, musst du sie dementsprechend ändern.

Das Beste an dieser Vorlage ist aber, dass die Seitenzahlen schon richtig formatiert sind: und zwar so, dass das Deckblatt und das Inhaltsverzeichnis nicht mitgezählt werden. Das hat mich mindestens fünf wissenschaftliche Arbeiten lang genervt, weil ich nie wusste, wie man das einstellt, und auch zu faul war, es herauszufinden. Du musst das jetzt nicht mehr tun.

Textformatierung

Oft gelten die Vorgaben wie in der Vorlage; blind darauf verlassen solltest du dich aber nicht (z.B. hinsichtlich der vorgegebenen Maße der Seitenränder). Also bitte Schriftgröße, Zeilenabstand, Blocksatz und Seitenränder nochmal mit den Vorgaben deiner Hochschule, deines Fachbereichs oder den Wünschen deines Dozenten abgleichen.

Zitate und Literaturverzeichnis

Hier gilt es, zwei Dinge zu erledigen:

Die bibliografischen Angaben zu den Zitaten in Klammern im Text bzw. als Fußnoten einfügen und ein Verzeichnis der gesamten zitierten Literatur am Ende der Arbeit erstellen. Das Wichtigste dabei: Das Ganze muss **einheitlich** nach einem bestimmten „Zitationsstil" erfolgen. Und der ist leider von Fach zu Fach unterschiedlich. Es lassen sich aber drei Gruppen von Fächern unterscheiden, die in der Regel drei verschiedene Zitationsstile verwenden.

1. In den Wirtschaftswissenschaften und vielen Sozialwissenschaften wird nach dem Stil der „APA" („American Psychological Association") zitiert.
2. Bei einer Arbeit in der englischen Sprach- oder Literaturwissenschaft gilt in der Regel der Stil der „MLA" („Modern Language Association").
3. Eine Arbeit in den Geisteswissenschaften auf Deutsch folgt meist Regeln, die entweder der Dozent oder der Fachbereich festlegen.

Erstmal werde ich dir hier die Logik dieser drei wichtigsten Zitierstile erklären. Im nächsten Schritt kannst du das Ganze dann einer Software anvertrauen. Diese macht aber nur, was du ihr sagst, und deshalb solltest du verstehen, was du von ihr willst. Dazu empfehle ich die folgenden drei Informationsquellen:

1. für APA-Stil: die Website „Purdue Online Writing Lab" und dort die Seite „In-Text Citations: The Basics", https://owl.english.purdue.edu/owl/resource/560/02/ (Bloß nicht die ganze Website lesen, sondern nur das, was für dich relevant ist!)
2. für MLA-Stil: ebenfalls das „Purdue Online Writing Lab" und für einen groben Überblick wiederum „In-Text Citations: The Basics": https://owl.english.purdue. edu/owl/resource/747/02/
3. für den Stil der deutschen Geisteswissenschaften: das entsprechende Informationsblatt deines Dozenten bzw. deines Fachbereichs

Der wichtigste Unterschied der drei Stile ist: bei APA und MLA werden die Literaturangaben in Klammern im Text gemacht, während diese bei deutschen geisteswissenschaftlichen Arbeiten in der Regel in Fußnoten angegeben werden.

Erzeugen solltest du die Angaben allerdings nicht selbst; das ist viel zu viel Arbeit. Dafür gibt es wie gesagt Software. Die am **einfachsten bedienbare und vollkommen kostenlose** Lösung ist meiner Erfahrung nach Zotero (kostenlos downloadbar unter www.zotero.org). Und ich zeige dir jetzt genau, wie du mit dieser Software Fußnoten und ein Literaturverzeichnis erstellst. Erstmal müssen wir Zotero dafür aber auf unsere Bedürfnisse zuschneiden.

Zotero konfigurieren

Auf https://www.zotero.org/download/ gibt es verschiedene Versionen. Ich empfehle „Zotero for Firefox", weil sich das Programm in diesem Fall einfach in den Browser integrieren lässt. (Es gibt auch Browser Extensions für Safari und Chrome unter „Zotero Standalone", die haben aber leider nicht alle Funktionen.) „Zotero for Firefox" erlaubt es dir später, während des Browsens Literaturangaben mit einem Klick in dein Verzeichnis zu importieren. (Ich benutze Firefox sonst gar nicht; um die Literaturangaben zu machen, lohnt sich aber der Download auch dieses Browsers.)

Nun brauchst du noch eine Verknüpfung zwischen deinem Schreibprogramm und Zotero. Dazu gehst du wieder auf die Download-Seite und klickst auf „Add a plugin for Word or Libre Office" (das Plugin funktioniert auch mit „OpenOffice" und „Neo-Office", nur Microsoft Word ist leider ausgeschlossen). Im nächsten Fenster wählst du das für dein Schreibprogramm geeignete Plugin, lädst es herunter und installierst es nach den Bildschirmanweisungen.

Nun hast du alles, was du brauchst: ein Symbol in Firefox, um Literaturangaben aus Websites zu exportieren, und eine Leiste in deinem Schreibprogramm, um Literaturangaben in den Text einzufügen:

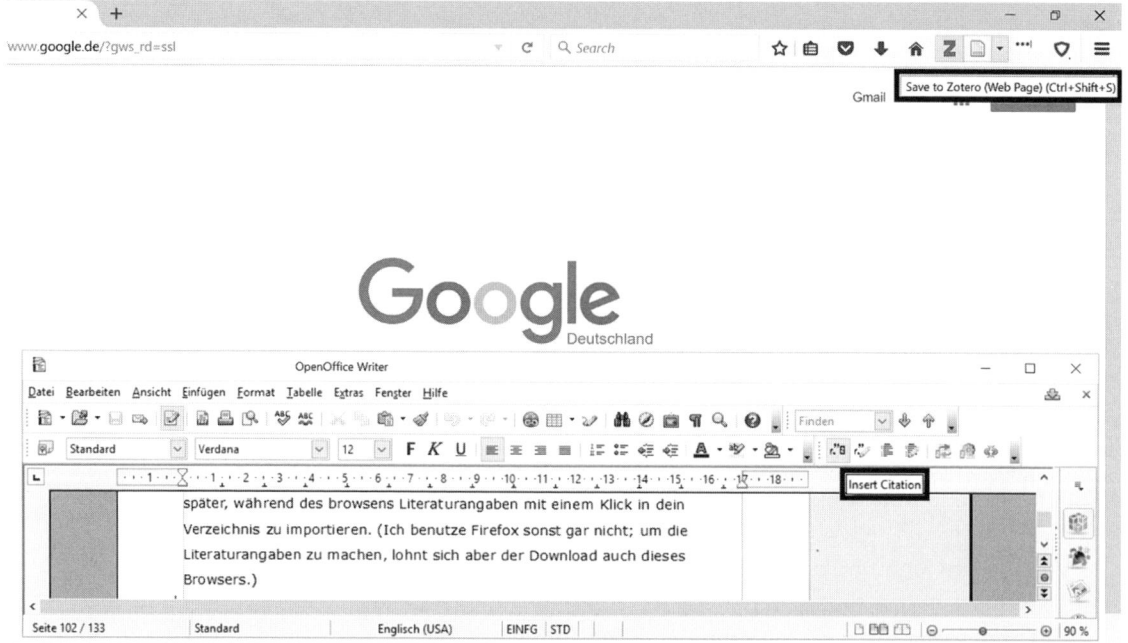

Abbildung 44: Im Hintergrund oben Aktionsleiste für Zotero in Firefox; im Vordergrund unten die Aktionsleiste in Open Office, siehe dazu www.zotero.org

Vorgehen beim Zitieren (mit Zotero)

Wenn du dir die Notizen zur Literatur so gemacht hast, wie in Schritt 4, 5 und 6 empfohlen, sollten in deinem Fließtext immer wieder Klammern mit Literaturangaben stehen. Die wollen wir jetzt in die richtige Form bringen. Dazu musst du erst einmal alle Texte, die du benutzt hast (also die Angaben in runden Klammern innerhalb deiner Notizen), in Zotero sammeln. Diese Literatursammlung legst du wie folgt an:

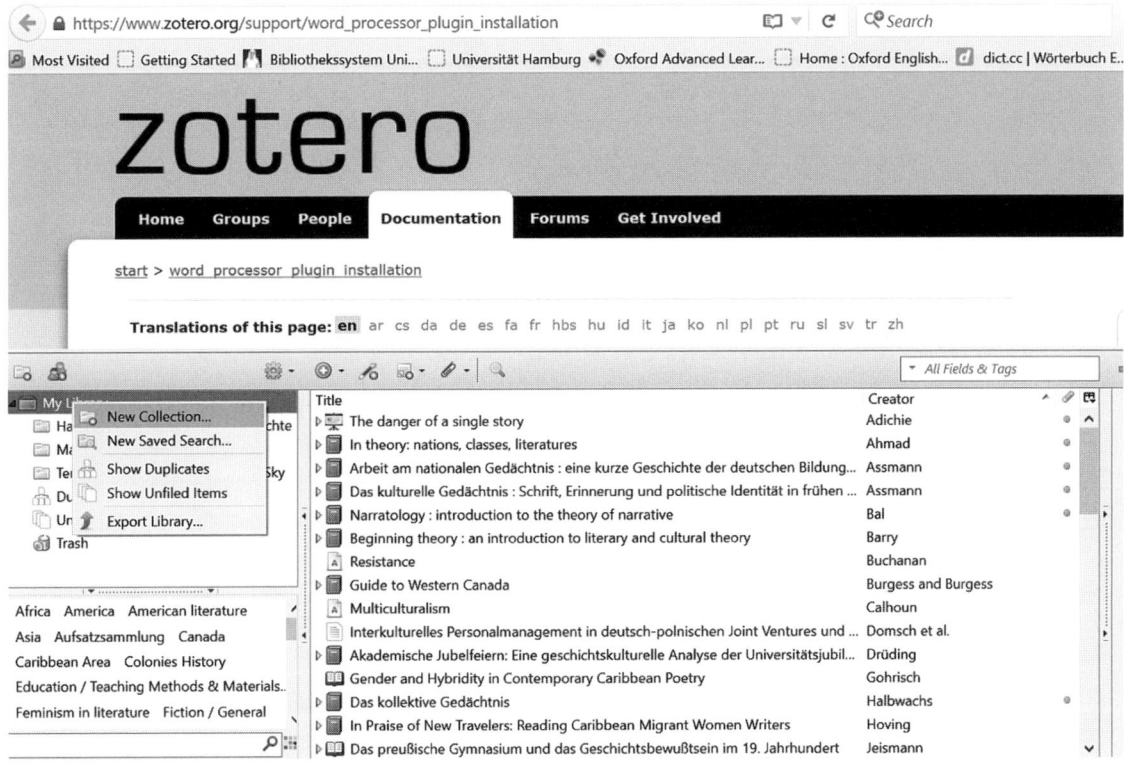

Abbildung 45: So legst du eine neue Literatursammlung in Zotero an

Nun gehst du deine Arbeit Klammer für Klammer durch und rufst den Text noch einmal genau dort online ab, wo du ihn gefunden hast (deshalb hatte ich geraten, den Link immer gleich mitzunotieren). Von dort kannst du dann in der Regel **alle benötigten Literaturangaben mit einem Klick nach Zotero importieren**: Abb. 46.

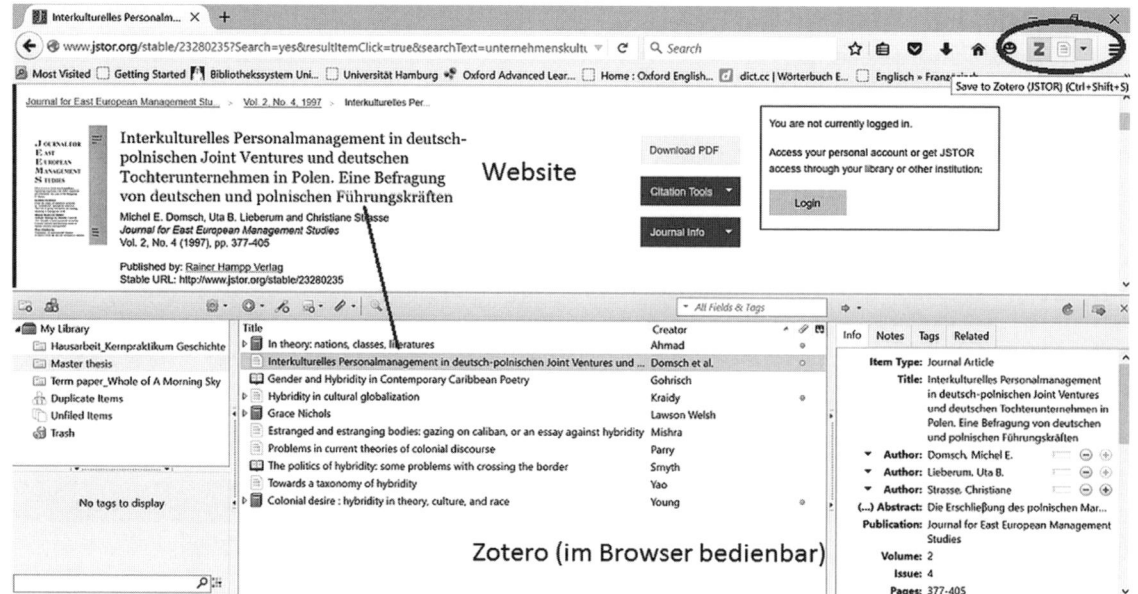

Abbildung 46: Oben der Ausschnitt der Website mit der Titelangabe, unten (bzw. darüber liegend) Zotero mit einer Liste der bisher in die Literatursammlung aufgenommenen Bücher. Durch einen Klick in den Kreis oben rechts wird die Titelangabe von der Website automatisch in Zotero übernommen

Sobald du das für alle Literaturangaben in deinem Text gemacht hast, solltest du eine ganze Liste an Literatur in Zotero haben (ähnlich wie in Abb. 45 im mittleren Fenster in Zotero).

Jetzt wählst du den Zitationsstil aus, der in deiner wissenschaftlichen Arbeit erwartet wird (Zahnrad > Preferences > Cite > Styles): Abb. 47.

Du siehst: Zotero enthält standardmäßig die Zitierstile „MLA" und „APA". Falls du eine deutsche geisteswissenschaftliche Arbeit schreibst, kannst du auf den Zitationsstil „Geistes- und Kulturwissenschaften (Heilmann) (German)" (unterstrichen) zurückgreifen. Der ist nicht standardmäßig angelegt, du kannst ihn aber herunterladen, indem du auf „Get additional styles" klickst und auf der sich öffnenden Website im Suchfeld „geistes" eintippst.

Jetzt kannst du die Literaturangaben in deinen Text einfügen. Je nach Vorgaben tust du das, wie gesagt, in einer Klammer hinter dem entsprechenden Zitat oder in einer Fußnote dazu. Und dazu musst du nichts weiter tun als in deinem Schreibprogramm in der Zotero-Leiste auf „Insert Citation" zu klicken (siehe den unteren Kasten in Abb. 44). Dann erscheint eine neue, rot umrandete Leiste, in der du den Autor oder den Namen des Textes eingibst, den du zitieren willst (Abb. 48).

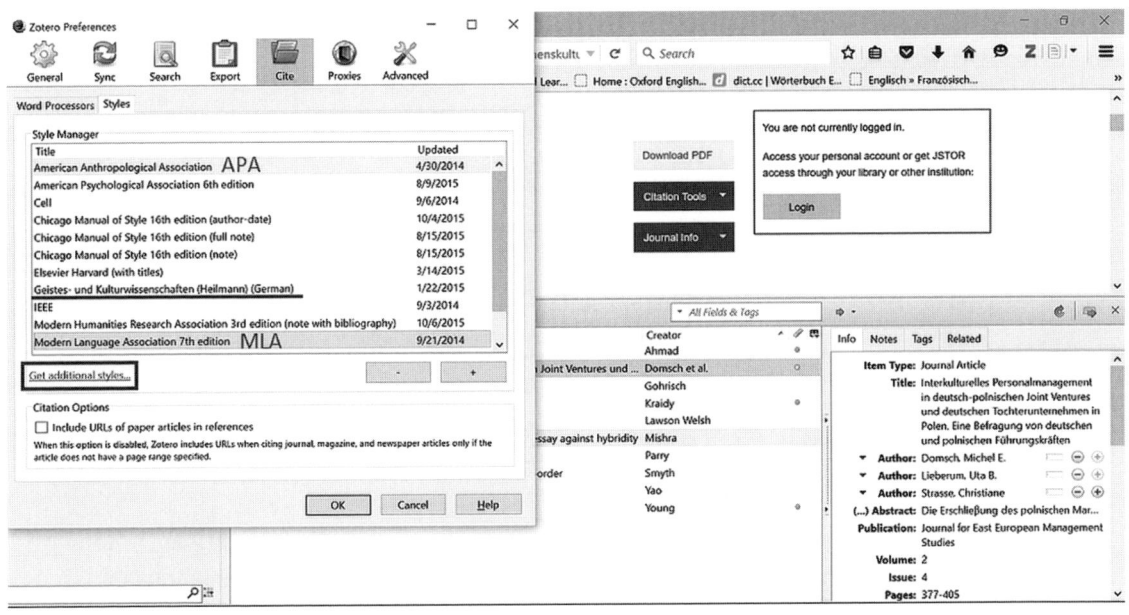

Abbildung 47: In den Zotero Einstellungen („Preferences") kannst du den Zitationsstil ändern

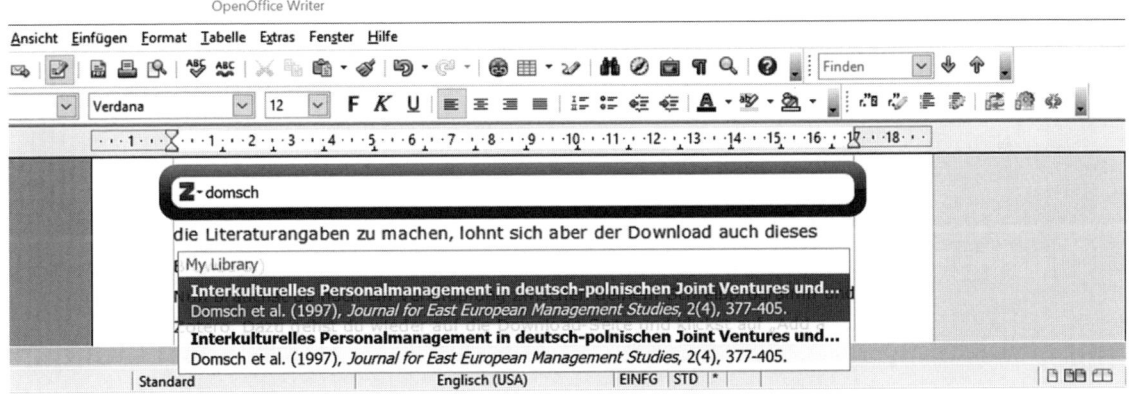

Abbildung 48: Diese Zitierleiste erscheint in deinem Schreibprogramm, wenn du auf „Insert Citation" in der Menüleiste klickst

Und dann erscheint eine Drop-Down-Liste, in der du den zitierten Titel auswählst:

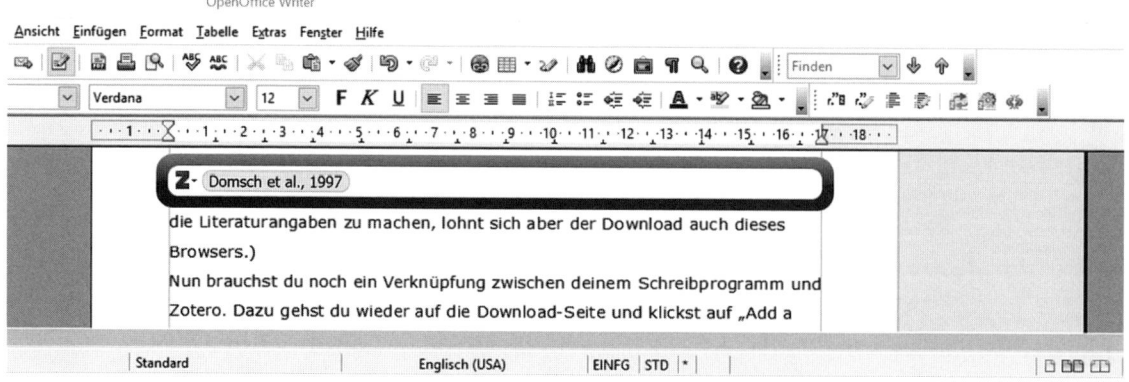

Abbildung 49: Zitierleiste, in die schon ein Titel aufgenommen wurde

Sobald du den Titel ausgewählt hast, ist dieser als Feld in die Leiste aufgenommen: Jetzt musst du nur noch auf genau dieses Feld klicken, um die Seitenzahl für
das Zitat einzufügen:

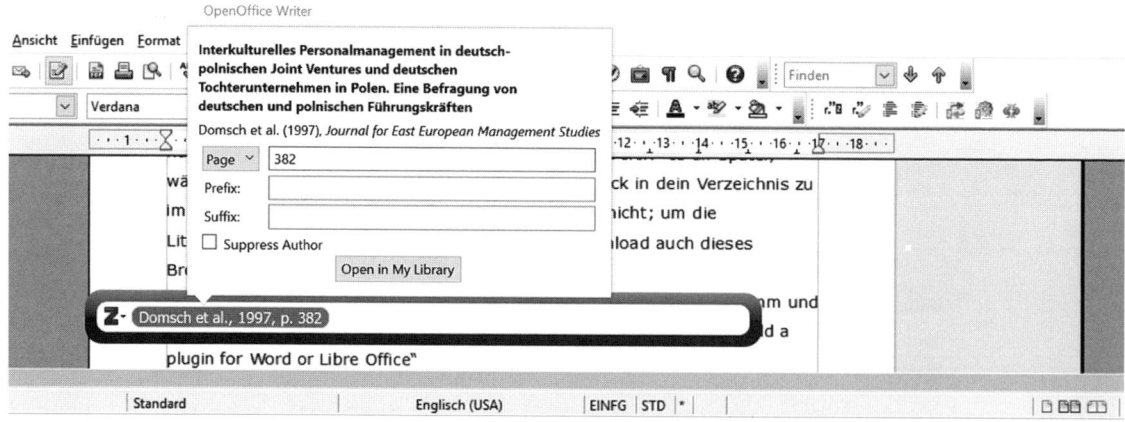

Abbildung 50: So fügst du dem Titel eine Seitenangabe hinzu

Je nach gewähltem Zitationsstil erzeugt Zotero die Literaturangabe dann automatisch in einer Fußnote oder in Klammern im Text:

(Domsch, Michel E., Uta B. Lieberum und Christiane Strasse: „Interkulturelles Personalmanagement in deutsch-polnischen Joint Ventures und deutschen Tochterunternehmen in Polen. Eine Befragung von deutschen und polnischen Führungskräften", Journal for East European Management Studies 2/4 (1997), S. 377–405, hier
S. 382.)

Das tust du nun für alle weiteren Literaturangaben in deiner wissenschaftlichen Arbeit.

Jetzt fehlt nur noch das Literaturverzeichnis. Das solltest du erst erzeugen, **wenn alle Literaturangaben im Text sind**, denn Zotero nimmt nur die Titel aus der Literatursammlung mit auf, die im Text auch zitiert wurden (und nicht generell alle Titel, die sich in der Literatursammlung in Zotero befinden).

Um das Literaturverzeichnis zu erzeugen, gehst du einfach in den Abschnitt „Literaturverzeichnis" der Vorlage, platzierst deinen Textcursor dort und klickst in der Zotero-Leiste auf „Insert Bibliography" – und schon ist das Literaturverzeichnis erzeugt. Du musst nur noch die Schriftgröße und den Zeilenabstand anpassen.

Jetzt solltest du das Literaturverzeichnis noch einmal auf Fehler kontrollieren. Das Gute daran: Wenn im Verzeichnis alles stimmt, stimmt auch im Text alles. Und wenn im Literaturverzeichnis etwas nicht stimmt, berichtige den Fehler bitte einfach **in Zotero:**

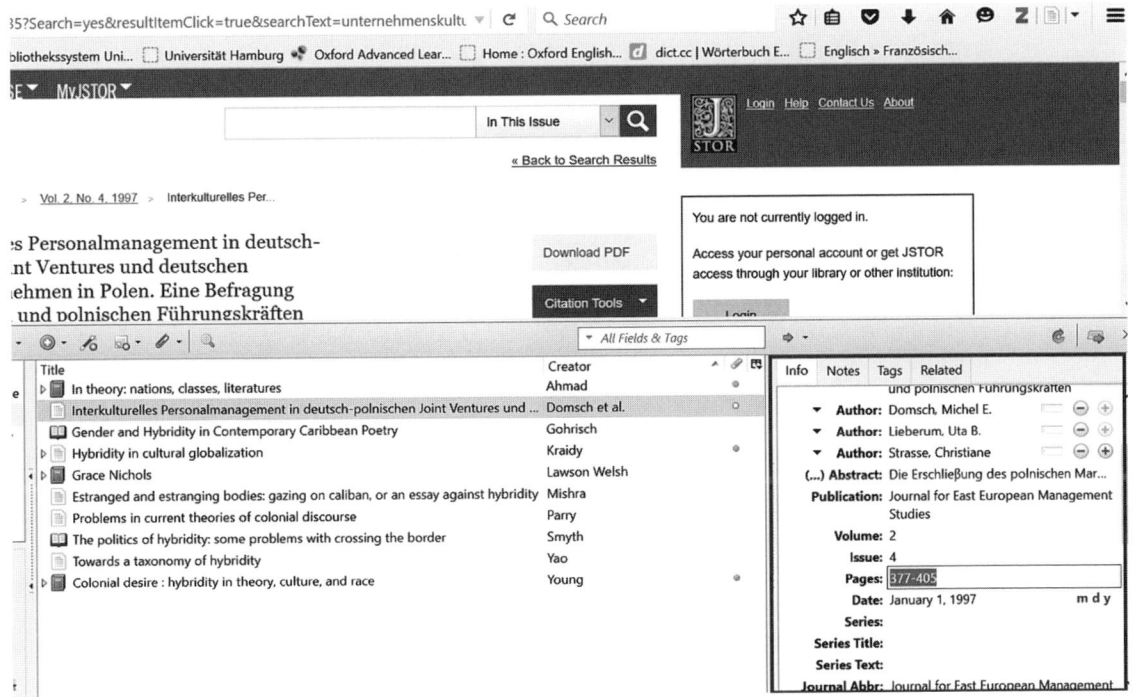

Abbildung 51: Rechts im Zotero-Menü kannst du die Seitenangaben für den kompletten Titel ändern bzw. ergänzen

Anschließend klickst du auf „Refresh" in der Zotero-Leiste im Schreibprogramm, und der Fehler wird automatisch an **allen** Stellen der wissenschaftlichen Arbeit berichtigt.

Achtung: Bitte nie auf „remove field codes" in der Zotero-Leiste klicken. Dann verschwindet nämlich der graue Hintergrund der Literaturangaben und du kannst sie mit Zotero nicht mehr ändern – in dem Fall müsstest du jede weitere Änderung einzeln vornehmen.

In unserem Fall wäre das Literaturverzeichnis jetzt jedenfalls fertig. Und bei der nächsten Arbeit könnten wir Zotero genau so wieder verwenden.

Dauer Schritt 11:
1:00h (ohne Installation, aber die brauchst du ja nur beim ersten Mal und kannst sie dann für alle zukünftigen Arbeiten nutzen)

Schritt 12: Korrektur lesen – und fertig!

Wenn du Schritt 1 bis Schritt 11 einen nach dem anderen umgesetzt hast, ist ziemlich sicher, dass du in diesem letzten Arbeitsschritt nur noch Kleinigkeiten in deiner Arbeit korrigieren musst. In jedem Fall solltest du den Text aber zwei- oder dreimal komplett lesen, um auch die kleinen Fehler auszumerzen – und dir so eine Eins zu sichern.

Falls du bei Schritt 12 angekommen bist und noch Zeit bis zur Abgabe deiner wissenschaftlichen Arbeit hast, empfehle ich dir unbedingt: die Arbeit erst einmal liegen lassen. Mit etwas Abstand siehst du viel mehr – auch Fehler, die dir zunächst nie aufgefallen wären. Drei Tage Pause sollten schon einen deutlichen Unterschied machen.

Argumentationsdurchgang

Während dieses ersten Durchgangs solltest du zwei Fragen beantworten (und zwar mit Ja!): Macht der Absatz in sich **einen** Punkt? Ist der Übergang von einem Absatz zum nächsten leserfreundlich?

Was bedeutet: Macht der Absatz in sich einen Punkt?

Ein Absatz ist ein Absatz, weil er eine in sich geschlossene **Einheit** bildet und so dem Leser bei der Lektüre hilft. Sobald ein neuer Absatz beginnt, erwartet der Dozent, dass es nun auch um einen neuen inhaltlichen Punkt geht. Und tatsächlich haben wir unsere Absätze bisher ja auch immer so strukturiert. In unserem Beispiel zum Forschungsstand ging es in einem Absatz nur um einen Forschungstext (dessen These und Argumente). Im Theorieteil ging es im ersten Absatz um die Begründung, im zweiten um die These, im dritten um den ersten Begriff der Theorie etc. Deshalb sollten die meisten Absätze also schon jetzt in sich stimmig sein. Trotzdem kann es sein, dass bestimmte Absätze sehr lang (über eine Dreiviertelseite) oder sehr kurz (1 bis 2 Sätze) geworden sind. In diesem Fall mutest du dem Leser entweder zu viel zu oder es macht den Eindruck, als hättest du nichts zu sagen.

Manchmal werden **Absätze zur These der Theorie sehr kurz**. In dem Fall packst du einfach die Erklärung des ersten Begriffs mit der These in einen Absatz. Manchmal werden **Absätze zur Begründung der Theorie ziemlich lang**. In so einem Fall besteht die Begründung wahrscheinlich aus mehreren Aspekten (falls nicht, solltest du den Inhalt verdichten, überflüssiges Gerede kürzen). Dann kannst du einfach aus jedem Aspekt einen Absatz machen. Den ersten beginnst du zum Beispiel mit: „Einerseits nutze ich in dieser Arbeit die Theorie X ..." und den zweiten mit: „Andererseits eignet sich die Theorie X hervorragend, weil ..."

Und damit sind wir auch schon bei der zweiten Frage:

Was bedeutet: „Ist der Übergang von einem Absatz zum nächsten leserfreundlich?"

Überleitungen sind kein Selbstzweck, sondern helfen – genauso wie Absätze – dem Leser bei der Orientierung im Text. Sie kündigen an, was folgt, fassen in einem Satz zusammen, wofür gerade eine Seite lang argumentiert wurde etc. Leserfreundlich ist ein Text also, wenn er dem Leser bei jeder inhaltlichen Abzweigung (d.h. in jedem neuen Absatz) sagt, wo es hingeht. Und deshalb ist es wichtig, Überleitungen zwischen den Absätzen noch einmal genau unter die Lupe zu nehmen.

Wenn du die Übung in Kapitel 2 gemacht hast, wirst du schon ein gutes Gefühl dafür haben, wie man auf Akademisch von einem Absatz zum nächsten überleitet. Als Faustregel gilt: Akademische Texte haben eher zu viele als zu wenige Überleitungen. Entweder durch einleitende Wörter („Zum einen, zum anderen ...", „Zunächst, schließlich ...", „Daneben, außerdem, weiterhin ..." etc.) oder in Form ganzer Sätze, die sozusagen keinen Inhalt haben, sondern zur Orientierung des Lesers dienen („Im Folgenden werde ich die dieser Arbeit zugrundeliegende Theorie erklären und begründen, warum sie hervorragend zu den Zielen dieser Arbeit passt.").

Vorgehensweise beim Argumentationsdurchgang

Lies nun deine Arbeit einmal komplett und aufmerksam Absatz für Absatz durch. Schau am Anfang und Ende jedes Absatzes eher auf die Überleitungen und kümmere dich innerhalb eines Absatzes eher um die Einheit des Inhalts.

Formulierungsdurchgang

Im ersten Lesedurchgang hast du geprüft, ob deine wissenschaftliche Arbeit strukturell wasserdicht ist; jetzt prüfst du, ob dasselbe für die Inhalte gilt. Es geht dabei um folgende zwei Fragen:

Wurden akademische Formulierungen verwendet, d.h., liest sich der Text akademisch?

Dafür könnte man eine Checkliste mit häufigen akademischen Formulierungen und Fremdwörtern anlegen. Aber wer kann schon eine wissenschaftliche Arbeit lesen und gleichzeitig eine Liste von wahrscheinlich hunderten Wörtern und Phrasen im Kopf behalten? Ich habe es ausprobiert, und mir hat das nicht geholfen. Deshalb rate ich dir, auch hier auf die Übung aus Kapitel 2 und das so in dir entwickelte Gefühl für akademische Formulierungen zu vertrauen. Das gleichst du mit dem Eindruck ab, den deine Arbeit beim Lesen auf dich macht. Wenn etwas fehlt, wirst du das merken und kannst nachbessern.

Liest sich der Text flüssig?

Schließlich geht es um die Frage, ob dein Dozent den Text relativ angenehm lesen kann. Ja, Akademisch verwendet hier und da sehr lange und verschachtelte Sätze, aber auch die sollten so klar strukturiert sein, dass der Leser ihnen folgen kann. Besonders gut merkst du, wo es am Lesefluss mangelt, wenn du den Text oder die Textstellen, an denen du dir unsicher bist, laut liest.

Rechtschreib-, Grammatik- und Kommadurchgang

Das ist die klassische Rechtschreibprüfung. Den größten Teil davon sollte dein Schreibprogramm übernehmen; trotzdem gehen dem Computer fast immer ein paar Fehler durchs Netz (insbesondere Kommas) und deshalb sollte auch noch ein menschliches Auge drüberschauen. Falls du dir einen dritten Lesedurchgang sparen möchtest, empfehle ich dir: Eltern, Familie oder Freunde darum bitten. Deine Eltern werden sich sicherlich freuen, einmal zu sehen, was du im Studium eigentlich so machst. Und Freunde – die müssen da eben durch.

Dauer Schritt 12:
3:00h

Und jetzt ist es so weit, jetzt sehen wir, indem wir eine Gesamtsumme ziehen, wie lange du für alle Schritte zusammen brauchst.

Dauer Schritt 1–12:
0:30h + 4:00h + 0:30h + 1:30h + 1:00h + 0:30h + 10:00h + 0:30h + 6:00h + 1:30h + 1:00h + 3:00h = 30:00h insgesamt!

Kapitel 4

„Ich kann mich nicht motivieren" – „Ich kann mich nicht konzentrieren" – „Ich fühle mich von der Masse an Arbeit überwältigt oder blockiert"

Welche Probleme dieses Kapitel löst

Bisher hast du gelernt, wie du sehr gute Fachsprache schreibst (Kapitel 2) und wie du eine wissenschaftliche Arbeit schnell (Kapitel 3) schreibst.

Leider stimmt das manchmal nicht mit der Realität überein. Warum? Manchmal kannst du dich gar nicht erst dazu motivieren, überhaupt mit der Arbeit anzufangen. Oder du kannst dich nicht konzentrieren und brauchst mehrere Stunden, um eine einzige Seite Text zu produzieren. Und manchmal bist du zwar hochkonzentriert und motiviert, aber so angestrengt du es auch versuchst, dir fällt einfach nicht die richtige Formulierung, das umwerfende Argument oder der ultimative Schlusssatz ein.

Um diese und andere *Soft Problems* zu lösen, habe ich dieses Kapitel für dich geschrieben. Hier lernst du, wie du dich auf Knopfdruck motivierst, wie du über die ganze wissenschaftliche Arbeit hinweg konzentriert bleibst und mentale Höchstleistungen erbringst und wie du Schreibblockaden überwindest.

Es geht hier also sozusagen um den Treibstoff, der es dir überhaupt erst ermöglicht, das zu tun, was du in Kapitel 2 und 3 gelernt hast.

Bei jedem Studierenden wird dieser Treibstoff irgendwann mal knapp und das ist auch völlig normal. Denn im Gegensatz zu vielen anderen Tätigkeiten müssen Studierende beim Schreiben einer wissenschaftlichen Arbeit ziemlich kreativ sein. In wissenschaftlichen Texten geht es ja um (neue) Ideen, und die gibt es nicht in vorgefertigten Paketen.

Trotzdem brauchst du keine Angst davor zu haben, dass dir einmal dauerhaft nichts Gutes einfällt. Denn jeder von uns – du genauso wie ich und jeder andere Studierende auch – hat Massen von brillanten Ideen in sich. Jeder von uns ist so kreativ, dass er jede Arbeit dieser Welt mit einer Eins durch die Decke schießen könnte. Nur manchmal hindert uns die Welt da draußen daran, auf diese Ideen zuzugreifen. Dann haben wir Motivations- oder Konzentrationsprobleme oder eine Schreibblockade.

Was die Ursachen für diese Probleme sind und wie du sie behebst, erfährst du jetzt der Reihe nach.

Motivationsprobleme meistern

„Ich kann mich nicht motivieren, mit der wissenschaftlichen Arbeit zu beginnen, weil ich mich überfordert fühle."

Stell dir folgende Situation vor (vielleicht kannst du dich auch einfach daran erinnern): Es sind Semesterferien, du stehst auf, die Sonne scheint, das Leben ist schön – und dann denkst du an die wissenschaftliche Arbeit, mit der du heute eigentlich anfangen müsstest. Deine Gedanken fangen an zu rasen, deine Motivation sinkt in den Minusbereich und du willst dich um alles in der Welt nicht an den Schreibtisch setzen.

Das haben wir alle schon erlebt. Und irgendwie ist es ja auch cool, seinen Freunden zu erzählen, dass man heute ein Rebell war und nicht das gemacht hat, was eigentlich zu tun war. Auf Dauer bringt dich das aber nicht weiter – insbesondere dann nicht, wenn der Abgabetermin näher rückt.

Was also tun? Erstmal erkennen, dass der Grund für diese Abneigung darin liegt, dass du nicht weißt, was genau zu tun ist. Du weißt zwar, dass du eine wissenschaftliche Arbeit schreiben musst; aber welche Schritte das umfasst und welche Inhalte darin vorkommen müssen, ist dir wahrscheinlich nicht klar.

Meist thront da nur ein großer Berg in deinem Kopf, von dem du nicht so richtig weißt, wie du ihn besteigen sollst. Dein Kopf versucht dann gleichzeitig den letzten Schritt vor dem ersten zu machen oder den letzten und den ersten gleichzeitig vor dem zweiten hinter dem dritten (oder so) – jedenfalls entsteht da ein Knoten. Und der behindert deinen Energiefluss (d.h. deine Motivation). Ergebnis: Du wendest dich von der wissenschaftlichen Arbeit ab, hin zu etwas, das leichter auszuführen ist (Fernsehen, Facebook, Wohnung putzen etc.).

Die Lösung liegt darin, genau zu wissen, wie man so eine Arbeit aus dem Boden stampft, und die Gedanken dann ausschließlich auf den einen Schritt zu lenken, der als nächster zu tun ist. Und weil alle Schritte in Kapitel 3 genau erklärt sind, hast du dieses Wissen ja schon. Bleibt also nur noch die Sache mit dem Fokus.

Und hier hilft Visualisierung. Du kannst dir zum Beispiel den einen Schritt, den es zu tun gilt, schon am Abend vorher auf ein Blatt Papier schreiben und das gut sichtbar über deinen Schreibtisch hängen.

Denn irgendwann werden sich die negativen Gedanken melden („Es ist noch so viel zu tun, ich weiß gar nicht, wo ich anfangen soll."). Und dann ist es wichtig, dass du mit einem Blick siehst, dass das nicht stimmt – bspw., dass du heute eigentlich nur einen Text bearbeiten musst und dass das mit der richtigen Technik nur eine halbe Stunde dauert.

Je öfter du dich daran erinnerst, und je öfter du dann trotzdem weiterarbeitest, desto seltener werden sich die negativen Gedanken melden. Und irgendwann läuft das Ganze automatisch ab – ohne visuellen Halt und vielleicht sogar ohne die Störungen aus deinem Kopf.

Wenn du diese Technik beherrschst, wirst du schnell merken, wie schwungvoll du dein Arbeitspensum für den Tag erledigst. Statt verwirrt zu sein und zu zweifeln, fühlst du dich klar und überlegen. Und wenn du diese Veränderung selbst erlebst, kann es tatsächlich passieren, dass das Schreiben plötzlich sogar Freude macht.

„Ich kann mich nicht motivieren, mit der wissenschaftlichen Arbeit zu beginnen, weil ich den Sinn darin nicht sehe."

Neben Überforderung (oder zusätzlich dazu) kann mangelnde Motivation darauf zurückzuführen sein, dass dir nicht klar ist, warum du dich eigentlich zu dieser Arbeit überwinden sollst. Dahinter steckt dann die größere Frage: Wozu schufte ich eigentlich so viel für dieses Studium? Was habe ich davon?

Berechtigte Frage – und eine, die sich irgendwann während des Studiums wahrscheinlich jeder einmal stellt. Genauso findet aber jeder irgendwann auch eine Antwort darauf. Und du kannst sofort damit anfangen, indem du deiner Intuition – deinem Bauch – vertraust.

Ja, genau: Tief in dir drin weißt du jederzeit ganz genau, was du gut findest und wo du hinwillst. Du musst nur anfangen, dieser Intuition mehr Aufmerksamkeit zu schenken.

Mein Vorschlag also: Such in Zeitungen, Blogs, Nachrichten, YouTube etc. nach Berichten über *Role Models* – über Menschen, die ihren Job unfassbar gut machen. Die findest du heutzutage in jeder Sparte: Wirtschaft, Bildung, Soziales, Sport etc. Such jemanden aus der Sparte, für die dein Studium dich qualifizieren könnte. Es gilt, eine Story über ihn oder sie zu finden, die dein Herz höher schlagen lässt (ohne sie schon komplett zu lesen). Hier bist du an der richtigen Stelle.

Hast du die Erfolgsgeschichte vor dir, lies noch nicht weiter. Vorher musst du dir nämlich erst etwas vorstellen:

Du wirst einmal dieser Mensch sein. Über dich wird man solche Erfolgsgeschichten schreiben. Du wirst einmal so außergewöhnlich sein.

Ich will hier niemanden hinters Licht führen und Dinge versprechen, die im Nachhinein mehr enttäuschen, als sie vorher genutzt haben. Aber: Ich bin davon überzeugt, dass jeder von uns außergewöhnlich gut in etwas werden kann, wenn er oder sie daran glaubt.

Zum Beispiel: Als ich anfing zu studieren, war ich schon 22 und hatte in der Schule nicht gerade mit Bestnoten geglänzt. Trotzdem schüttelte mir drei Jahre später der

Bürgermeister von Dublin die Hand, als er mich neben Studierenden aus Harvard und Oxford mit einem *Undergraduate Award* auszeichnete. Ich wurde zu einer Konferenz mit Studierenden aus aller Welt im Google Headquarter in Dublin eingeladen. Ich kann nicht sagen, welche Faktoren dabei den Ausschlag gegeben haben. Aber ich bin sicher, dass ich nie dorthin gekommen wäre, wenn ich nicht geglaubt hätte, dass ich ziemlich gute wissenschaftliche Arbeiten schreiben kann.

Ich bitte dich also, offen zu sein für diese Technik. Dir ernsthaft vorzustellen, dass du der nächste Steve Jobs, Barack Obama oder J.R.R. Tolkien sein kannst. Dann wirst du dich immer wieder motivieren können. Und du hast dabei doch nichts zu verlieren, oder?

Wenn du also dein *Role Model* und die Erfolgsgeschichte vor dir hast: Lies sie und saug jede große Tat und die Belohnungen, die darauf folgten, in dich auf – so als wären sie deine eigenen. Stell dir vor, was du tun könntest, wenn du an der Stelle deines *Role Models* wärst. Wie du dich fühlen würdest. Wie du wohnen, dich kleiden und ausdrücken würdest.

Lies ein Stück (oder auch den ganzen) Text, zeichne im Kopf ein Bild deiner *Role Model*-Zukunft und achte darauf, wie du dich fühlst. Wie du immer mehr Energie tankst, bis du voll davon bist und du geradezu etwas tun musst!

Dann wendest du dich deiner Arbeit zu und steckst all die Motivationsenergie, die du gesammelt hast, in den **einen** Schritt, der gerade auf der Tagesordnung steht. Eine gute Arbeit jetzt ist nämlich gleichzeitig ein Schritt in Richtung Zukunft – und da wartet ja genau das, was du dir eben vorgestellt hast.

„Ich kann mich zwar hier und da motivieren, an der wissenschaftlichen Arbeit zu arbeiten ... nicht aber regelmäßig, jeden Tag."

Hier gilt: Wir Menschen sind Gewohnheitstiere. D.h., es gibt bestimmte Verhaltensweisen, die wir jeden Tag zeigen, ohne groß darüber nachzudenken: Zähneputzen zum Beispiel. Diese Verhaltensweisen sind weder in unseren Genen vorprogrammiert noch sind wir dazu gezwungen, sie immer zu ähnlichen Zeiten zu verrichten. Und trotzdem: Wir stehen jeden Morgen und jeden Abend am Waschbecken und putzen unsere Zähne. In unserer Kindheit hat uns das vielleicht noch einiges an Überwindung (also Energie) gekostet und ohne den Zwang unserer Eltern hätten wir niemals mit dem Zähneputzen angefangen. Heute aber tun wir es ohne Zwang und in der Regel ganz ohne uns überwinden zu müssen – also mit Null Überwindungsenergie.

Und genau dasselbe Prinzip kannst du dir beim Schreiben einer wissenschaftlichen Arbeit zunutze machen: **Die Überwindung dazu soll dich möglichst wenig Energie kosten.**

Und wie funktioniert das? **Durch Regelmäßigkeit.** Genau wie beim Zähneputzen sollst du deinen Körper daran gewöhnen, dass er bestenfalls jeden Tag zur gleichen Zeit etwas für die wissenschaftliche Arbeit tut.

Jetzt sagst du vielleicht: „Das geht nicht. Ich muss an zwei Tagen in der Woche arbeiten, an den anderen Tagen habe ich Veranstaltungen an der Uni und am Wochenende will ich meine Ruhe haben." Ja, schon klar, ist bei mir genauso. Aber: Wenn du deinen Körper dazu bringen willst, mit möglichst wenig Widerstand an die wissenschaftliche Arbeit zu gehen, dann führt an einer gewissen Regelmäßigkeit kein Weg vorbei. Und trotzdem musst du deswegen nicht auf Job und Freizeit verzichten. Denn deinem Körper ist es egal, ob du täglich eine oder drei Stunden an der Arbeit sitzt (denk ans Zähneputzen, das dauert ja sogar nur drei Minuten). Also ist die Entscheidung die: Entweder du nimmst dir ein bis zwei Stunden täglich (in der Woche) Zeit und schreibst die wissenschaftliche Arbeit bald wie auf Autopilot – oder du wendest jedes Mal wieder ein großes Stück Überwindungsenergie dafür auf.

Falls du dich für die erste Variante entscheidest, hilft es, möglichst oft zur selben Zeit und am selben Ort zu arbeiten – dann kann sich dein Körper umso besser daran gewöhnen. Ideal ist es natürlich, wenn du mehrere wissenschaftliche Arbeiten hintereinander einplanst und dadurch die Dauer, in der dein Körper an dieses Ritual gewöhnt ist, verlängerst. Dann wirst du schon bald merken, wie natürlich es sich anfühlt, jeden Tag ein klein wenig an der wissenschaftlichen Arbeit zu feilen.

Wichtig dabei ist aber: **Arbeite nicht länger, als du es dir vorgenommen hast**. Zumindest nicht aus Sorge, also aus dem Gedanken: „Wenn ich nicht weitermache, schaffe ich es nicht den Abgabetermin einzuhalten." Bei jedem der 12 Schritte in Kapitel 3 hast du auch eine Angabe, wie lange du für die einzelnen Arbeitsgänge brauchen wirst. Das heißt: Wenn du dir einmal eine bestimmte Arbeitszeit pro Tag gesetzt hast, kannst du ziemlich genau abschätzen, wie viele Tage es dauern wird, bis die Arbeit fertig ist. Ist das einmal ausgerechnet und auf dem Terminkalender vermerkt, musst du dir nie wieder Sorgen machen, ob du für heute genug getan hast oder nicht. Du kannst nach deiner Arbeitszeit das Licht am Schreibtisch ausknipsen und dich mit ruhigem Gewissen anderen Dingen zuwenden. Die Balance zwischen Arbeit und Ablenkung ist der Schlüssel zur angenehmen wissenschaftlichen Arbeit.

„Ich kann meine feste tägliche Arbeitsdauer nicht einhalten."

Im vorigen Abschnitt hast du erfahren, wie erleichternd es sein kann, wenn du dir eine feste tägliche Arbeitsdauer setzt. Was aber, wenn du dir eine solche gesetzt hast, sie aber nicht einhalten kannst? Da hilft: **Verantwortlichkeit** – gegenüber etwas oder jemand anderem.

Wenn dein Kopf dich nämlich wieder einmal davon zu überzeugen versucht, dass du doch aus diesen oder jenen Gründen heute eigentlich gar nicht an der Arbeit weiterschreiben musst, brauchst du etwas außerhalb von dir, das dagegen hält und dir klar und deutlich **zeigt**, dass du sehr wohl etwas tun solltest.

Lösung: Druck dir unter http://www.plaaan.com/ einen so großen Ausschnitt des Kalenders aus, dass alle Tage, die du für die nächste wissenschaftliche Arbeit brauchen wirst, auf einen Blick darauf zu sehen sind. (Das Ganze soll schön anzusehen sein, also druck den Kalender in einer Farbe aus, die dir gefällt.) Den Kalender hängst du dann direkt in das Sichtfeld deines Arbeitsplatzes und lässt ihn dort auch so lange hängen, bis die Arbeit fertig ist.

Und jetzt die zentrale Regel: Du darfst den Kalender nur anfassen, um ein rotes Kreuz darauf zu machen – und zwar immer (und nur!) dann, wenn du deine tägliche Arbeitsdauer **komplett** hinter dich gebracht hast. Das Kreuz ist so etwas wie deine „Belohnung": dein Symbol dafür, dass du es für heute geschafft hast und für diesen Tag zufrieden mit der wissenschaftlichen Arbeit abschließen kannst.

Mit **einem** Kreuz ist es allerdings nicht getan. Dein Ziel soll sein: auf dem Kalender jeden Tag ein Kreuz zu setzen, sodass dort eine Kette **ohne Unterbrechung** entsteht. Schaffst du das nicht, wirst du bei jedem Blick auf den Kalender (den du über deinem Schreibtisch ja möglichst oft siehst) daran erinnert, zumindest ab jetzt keine Lücke mehr in der Kette entstehen zu lassen. Wenn du andererseits schon einige Kreuze gesetzt hast, wirst du immer wieder daran erinnert, wie viel du doch schon geschafft hast.

Der Multimillionen Dollar schwere US-amerikanische Comedian Jerry Seinfeld hat mit dieser Methode mehrere Bücher geschrieben, während er noch Vollzeit in einer New Yorker Anwaltskanzlei arbeitete. Dann wirst du damit wohl auch deine wissenschaftliche Arbeit auf die Beine stellen können.

Alternative (Not-)Lösung: Den Hintergrund dieser Notlösung mag ich gar nicht, deshalb bitte ich dich, diese nur anzuwenden, wenn die Lösung oben absolut nicht funktioniert und bei deiner aktuellen wissenschaftlichen Arbeit viel auf dem Spiel steht (Exmatrikulation oder dergleichen). Überweis deinen Eltern einen Geldbetrag, der dir so richtig weh tut (auf keinen Fall weniger als 100€), und sag ihnen, dass sie das Geld behalten dürfen, wenn du ihnen in zwei Wochen noch keine fertige wissenschaftliche Arbeit vorzeigen kannst!

Schreibblockaden lösen oder: „Wenn ich mich an die wissenschaftliche Arbeit setze, fällt mir plötzlich nichts mehr ein, kann ich keinen vernünftigen Satz aufs Blatt bringen."

Okay: Du hast es geschafft, dich an den Schreibtisch zu setzen, und bist entschlossen, jetzt mal so richtig Fortschritte zu machen. Doch jetzt starrst du schon seit 20 Minuten auf den Bildschirm, und es will dir einfach nicht der perfekte Satz einfallen. Oder du schreibst einen Satz, vielleicht sogar einen ganzen Absatz oder eine Seite und dann kommt dir der Gedanke, dass das so gar nicht geht – und du löschst das Geschriebene wieder. Was bleibt, ist Frust und die Gewissheit, Zeit verschwendet zu haben.

Diese Situation hat wohl jeder schon einmal erlebt und das ist auch ganz normal. Denn wenn du eine wissenschaftliche Arbeit schreibst, tust du das nicht im luftleeren Raum, sondern mit gewissen Erwartungen und dem Wissen, dass dein Geschriebenes später benotet werden wird. Und dass diese Note in deinen Abschluss einfließen wird. Und dass dieser Abschluss deine Jobchancen beeinflussen wird. Oder dass da deine Kommilitonen sind, die auch eine wissenschaftliche Arbeit schreiben und dabei eine bessere Note erzielen könnten als du. Und dass genau diese Kommilitonen später auf dem Arbeitsmarkt deine Konkurrenten sein werden. Und deshalb durch eine bessere Note die Nase vorn haben werden ...

Mit solchen oder so ähnlichen Gedanken versucht dein Kopf dich häufig genau dann zu bombardieren, wenn du ihn eigentlich bräuchtest, um die Arbeit zu schreiben. Und nicht selten glaubst du diese Gedanken dann auch noch. Statt dir klar zu machen, dass so eine wissenschaftliche Arbeit – das große Ganze betrachtet – gar nicht mal so wichtig ist und es sicher nicht so schwer sein kann, darin ein gutes Ergebnis zu erzielen, schaust du **erst einmal auf das, was schiefgehen könnte** (schlechte Note, schlechtes Standing gegenüber Kommilitonen, schlechte Jobchancen). Und um das zu verhindern, legst du die Latte ganz hoch. Dir kommt dann nichts aufs Blatt – keine Formulierung, keine Idee, keine Phrase –, was nicht absolut perfekt ist.

Der Witz ist aber, dass es bei wissenschaftlichen Arbeiten im Grunde gar nicht um Noten geht. Du bekommst am Ende zwar eine, eigentlich geht es aber um etwas, das du in ganz vielen anderen Lebenssituationen auch tun musst: **deinen inneren Kritiker überwinden**. Der Kritiker ist die Stimme in deinem Kopf, die solche Sätze wie oben sagt und dich damit lähmt – dich dazu bringt, den Satz in deinem Kopf nicht aufzuschreiben; den Satz wieder zu löschen; oder auch (in anderen Lebenssituationen) den Fremden auf der Straße nicht um Hilfe zu bitten.

Dein innerer Kritiker versucht dich immer von solchen Dingen abzubringen. Beim Schreiben generell – auch beim Schreiben wissenschaftlicher Arbeiten – ist es aber ganz zentral, dass du erst einmal Sätze aufs Blatt bringst. Die sind beim ersten Versuch meistens noch nicht perfekt. Aber das müssen sie in den meisten Fällen auch nicht sein. Dafür sind sie aber etwas viel Wichtigeres: ein Anfang.

Wie also kannst du deinen inneren Kritiker überwinden?

So richtig habe ich das selbst erst geschafft, als ich angefangen habe auf www.masterdeinstudium.org zu schreiben (die Seite betreibe ich nicht mehr, dort wurde aber die Idee zu diesem Buch geboren). Denn ich war mir bewusst, dass hunderte Menschen das lesen würden, was ich gerade in meinen Computer tippte. Dass mich vielleicht sogar zukünftige Arbeitgeber googeln würden. Und dass ich mich bis auf die Knochen blamieren könnte.

Am Anfang hat mich das behindert. Aber ziemlich bald habe ich angefangen, meinem Kritiker mehr Aufmerksamkeit zu widmen, mir bewusst zu machen, wann er mit mir spricht und mich dazu bringen will, den Glauben an das, was ich gerade geschrieben habe, zu verlieren.

Ja genau: **Aufmerksamkeit!** Denn die meisten Studierenden sind sich nicht bewusst, dass Schreibblockaden auf das Konto des inneren Kritikers gehen. Wenn ihnen „nichts Gutes" einfällt oder sie einen Satz plötzlich doof finden, schreiben sie das sich selbst und ihrer „Unfähigkeit" zu.

Tatsächlich hat das aber nichts mit ihnen persönlich zu tun. Sie hören einfach nur den Kritiker – und der spukt im Kopf des Bestsellerautors genauso wie in deinem. Die Lösung besteht also darin, dir bewusst zu werden, dass es diese Stimme in deinem Kopf gibt. Und dass ihre Kritik völlig unerheblich ist.

Mit ein bisschen Übung wirst du dann ziemlich schnell feststellen, ob der Kritiker gerade versucht (unbegründet) jegliche Produktivität zu zerstören oder ob du selbst gerade tatsächlich eine Schwachstelle in deiner Arbeit entdeckt hast. Bevor du also das nächste Mal einen ganzen Absatz löschst oder keinen zu Papier bringen kannst, frag dich: „Wer spricht?"

Und wenn du den Kritiker dann zwar identifizieren, aber noch nicht ruhigstellen kannst, empfehle ich dir eine dieser beiden Techniken:

1. Überleg dir eine Standardantwort für den Kritiker. Die kann einen witzigen Hintergrund haben – zum Beispiel: „Halt stopp, jetzt schreibe ich und das hier wird eine super Arbeit!" – oder auch ernsthafter sein: Dein Einfallsreichtum ist gefragt. Jedenfalls solltest du die Antwort mögen und sie sollte dich daran erinnern, dass du alle Fähigkeiten für eine sehr gute wissenschaftliche Arbeit bereits in dir hast. Sobald du die Antwort dann gesagt hast (vielleicht sogar mehrmals) und dein Kritiker Ruhe gibt, schreibst du weiter. Sollte er wieder auftauchen, geht das Frage-Antwort-Spiel von vorne los. Doch du wirst sehen: Sehr bald wird sich der Kritiker wahrscheinlich seltener und seltener melden.

2. Konzentrier dich so sehr auf das Schreiben, geh so sehr darin auf, dass der Kritiker keine Chance hat, seine Stimme zu erheben. Und wie funktioniert das? **Schreib so schnell du kannst!** In Kapitel 3 hast du gelernt, eine wissenschaftliche Arbeit so zu strukturieren, dass das eigentliche Schreiben nicht mehr viel Kreativität braucht, sondern du eher den Inhalt abtippst, den du vorher schon in Stichworten notiert hast. Dein Ziel ist es „im Tunnel" zu sein, deine Hände so über die Tastatur fliegen zu lassen, dass du dich voll darauf konzentrieren musst und sich ein Gefühl von Geschwindigkeit und Fortschritt einstellt. Tipp immer weiter, lies keinen deiner letzten Sätze; es geht immer vorwärts und vorwärts, weniger Buchstabe für Buchstabe (das wäre zu klein gedacht), sondern Satz für Satz. Bei der Geschwindigkeit hat der Kritiker meiner Erfahrung nach nicht die leiseste Chance dazwischen zu quatschen. (Wenn du dann zwischen den Absätzen hängenbleiben solltest, kannst du diese Technik mit der Standardantwort kombinieren.)

Konzentrationsprobleme umgehen

Weiter oben hast du erfahren, wie du mangelnde Motivation und Schreibblockaden überwindest. Aber auch wenn das Schreiben einmal läuft, kann es noch zu Problemen kommen. Und die Ursache dafür ist dann meistens mangelnde Konzentration.

Und Konzentration hat im Wesentlichen etwas mit deinen Energiereserven zu tun. Ob du dich nämlich auf das Schreiben (oder die Recherche oder das Notizenmachen etc.) konzentrieren kannst oder nicht, hängt davon ab, ob du genügend Konzentrationsenergie zur Verfügung hast.

Wann bzw. wie lange das bei dir der Fall ist, kann ich dir nicht sagen. Das musst du selbst ausprobieren. Wichtig ist aber, dass du ausprobierst, dass du „am eigenen Leib erfährst", dass du wahrscheinlich nicht fünf Stunden lang konzentriert an deiner wissenschaftlichen Arbeit schreiben kannst. (Ja, du kannst so lange davor sitzen – aber nicht dauerhaft produktiv sein.)

Zunächst geht es also darum, für dich festzustellen, wann deine Energiereserven zur Neige gehen. Und wenn du merkst, dass es so weit ist, heißt das nicht, dass du für den Rest des Tages im Bett liegen musst, um wieder aufzutanken. Meiner Erfahrung nach reicht zum Auftanken schon eine relativ kurze Zeitspanne: eine Pause.

Jetzt heißt es also: eine Pause einzulegen und (wichtig!) in dieser Zeit **etwas zu tun, was du genießt. Etwas also, das sich so gar nicht nach Arbeit und Energieverbrauch anfühlt, sondern das dir Energie zurückgibt.**

Was das ist, kannst nur du für dich selbst herausfinden. Ich beobachte aber bei vielen Menschen, dass sie in einer Pause schnell die Wäsche aufhängen, eine E-Mail schreiben oder die Wohnung putzen – aber für die meisten Menschen sind das vermutlich nicht gerade genussvolle Tätigkeiten.

Wichtig ist also:

1. Niemals weiterarbeiten, wenn du merkst, dass deine Konzentrationsenergie zur Neige geht (es sei denn, dir fließt gerade die nächste Relativitätstheorie aus der Feder). Für die meisten Studierenden bedeutet das: nach max. einer Stunde eine Pause einlegen.

Das fiel mir am Anfang extrem schwer, weil ich an Arbeitsmarathons in der Bibliothek gewöhnt war. Schließlich wollte ich die Arbeit hinter mich bringen und die Arbeitsdauer nicht noch durch Pausen verzögern. Nur leider war dieser Gedanke völlig falsch.

Denn wenn ich heute aus einer längeren Pause an den Schreibtisch zurückkehre, bin ich mental wieder so fit, dass ich gut doppelt so schnell arbeite, als wenn ich die Sache ohne Pause „durchgezogen" hätte. So schaffe ich es heute regelmäßig, in zwei einstündigen Arbeitsphasen mehr Seiten Text zu schreiben als früher an einem ganzen, sechs- bis achtstündigen Tag. Falls du Probleme hast, loszulassen, setz dir einen Countdown mit der Stoppuhr und gib meiner Empfehlung eine Chance. Das Resultat wird dich überzeugen!

2. Die Pause sollte sich um etwas drehen, das du genießt. Die Qualität deiner Arbeit steht und fällt mit deinen Energiereserven und die kannst du durch alles Mögliche wieder aufladen (einen Film, ein inspirierendes YouTube-Video, ein Buch, deine Lieblingsmusik, eine Jogging-Runde, vielleicht sogar durch Einkaufen). Hauptsache es bereitet dir Freude.

Und egal, wofür du dich entscheidest: Tu für die Dauer der Pause nur das. Ohne lange darüber nachzudenken und ohne doch noch etwas „Produktives" einzustreuen, was dir dann doch wieder nur Energie nimmt.

Abschließend noch ein Wort zur Dauer der Pausen: Offensichtlich sollten sie nicht zu lang werden, denn eine Pause zu machen, ist keine Methode, um sich mit gutem Gewissen einen freien Tag zu ermogeln. Im Gegenteil: Die Pausen dienen deiner Arbeit: Sie stellen sicher, dass du während der Arbeitsphasen genügend Energie hast, um mit voller Konzentration zu recherchieren, zu lesen und zu schreiben – und dadurch in kürzester Zeit so viel zu erledigen wie möglich. Versuch hier also ehrlich zu dir selbst zu sein und eine gesunde Balance zwischen Konzentration und Entspannung zu finden.

So kann das Schreiben einer wissenschaftlichen Arbeit dann sogar ganz angenehm sein. Mein „Plan" sah in den Semesterferien oft so aus:

- Aufstehen und Frühstücken
- Wissenschaftliche Arbeit, Schritt 1 (1h)
- Joggen
- Wissenschaftliche Arbeit, Schritt 1 (1h)
- Mit Freunden zu Mittag essen
- Wissenschaftliche Arbeit, Schritt 2 (1h)

Das Ganze kostete mich in der Regel ca. sechs Stunden, wovon ich nur drei Stunden konzentriert an der wissenschaftlichen Arbeit schrieb. Bei diesem Arbeitspensum war eine wissenschaftliche Arbeit von ca. 15 Seiten nach ca. zehn Tagen fertig.

Nachwort: Falls du nichts Anderes liest, dann lies wenigstens das hier

Du hast jetzt sehr viel darüber gelesen, wie du ein entspanntes wissenschaftliches Arbeiten auch zu **deiner** Realität machen kannst. Das bedeutet nicht, dass du alle Techniken beim ersten Versuch perfekt anwenden wirst – dafür bitte ich dich um ein bisschen Übung und Geduld. Wenn du die Techniken aber erst einmal beherrschst, wirst du nicht „nur" in der Lage sein, sehr gute wissenschaftliche Arbeiten zu schreiben und gleichzeitig mehr Freizeit zu haben.

Denn eigentlich geht es hier nicht um Freizeit oder Noten. Eigentlich geht es darum, dass du dich der Herausforderung des wissenschaftlichen Arbeitens stellst – und dass du an dieser Aufgabe wächst. Der eigentliche Lohn für deine ganzen Mühen wird also dieses Gefühl sein, das du spürst, wenn du demnächst sagen kannst:
Schreiben kann ich!
Mit besten Wünschen

Yannick

Abbildungen

Der Autor und der Verlag danken den Rechteinhabern für die freundliche Genehmigung des Wiederabdrucks einiger Textausschnitte aus den folgenden Büchern, Zeitschriften und Zeitungen (in alphabetischer Reihenfolge):

Bourdieu, Pierre. Outline of a Theory of Practice. 28. Auflage. Cambridge [u.a.]: CUP 2013.

Mayring, Philipp. Qualitative Inhaltsanalyse. 11., aktualisierte und überarbeitete Auflage. Weinheim Basel: Beltz 2010.

Rüsen Jörn. „Geschichtskultur". In: Handbuch der Geschichtsdidaktik. 5., überarbeitete Auflage. Seelze-Velber: Kallmeyer'sche Verlagsbuchhandlung 1997, S. 38–41.

Rüsen, Jörn. „Geschichtskultur: Stichworte zur Geschichtsdidaktik". In: Geschichte in Wissenschaft und Unterricht. 46, 9, 1995, S. 513–521.

Tellkamp, Uwe. „1947: Doktor Faustus". In: DIE ZEIT. 29, 2012 (12. Juli 2012) bzw. http://www.zeit.de/2012/29/L-Kanon-Mann (letzter Zugriff: 21. September 2015).

Zywietz, Michael. „„Das Geheul als Thema – welches Entsetzen!' – Zum Oratorium ‚Apocalipsis cum figuris' in Thomas Manns Roman ‚Doktor Faustus'". In: Die Musikforschung. 62, 2, 2009, S. 140–149 bzw. http://www.jstor.org/stable/41126500.

Mein Dank gilt ...

… Dania, die mich zu dem gemacht hat, was ich heute bin

… Mum und Paps, ohne die ich nie eine Universität von innen gesehen hätte

… Marius, Kevin und Lukas, die mich immer wieder daran erinnern, wo zu Hause ist

… Lissi, die mich mit jedem Tag ihres langen Lebens mehr inspiriert

… dem Facultas Verlag Wien und insbesondere Sabine Kruse, die mit größter Geduld und Freundlichkeit meinem ersten Buch zum Erscheinen verholfen hat.